文化吉林

伊通卷

下冊

弘揚長白山文化　打響吉林特色地域文化品牌

主編寄語

第一章・文化發展概述

第二章・文化事件

第三章・文化名人

第四章 · 文化景址

第五章 · 文化產品

第五章

——

文化產品

伊通悠久的歷史，深厚的文化底蘊，為藝術人才的成長提供了肥沃土壤。良好的創作氛圍，加之藝術家的勤奮耕耘，使伊通產生了一大批讓群眾喜聞樂見的優秀文化產品，如春歌、瑪虎戲、二人轉、滿族單鼓舞等民間舞蹈，兒童詩歌，民間故事，書法，繪畫，攝影，滿族剪紙，等等，這些具有滿族特色和地方特色的文化藝術作品，使伊通文化藝術百花園姹紫嫣紅，在全省乃至全國都有不俗的反響。

春歌

　　春歌起源較早，是當地滿族土著人的祖先住窯洞時就流行的一種曲藝形式。

　　因伊通地處東北高寒地域，漫長和酷寒的冬季，使滿族的先人有普遍的貓冬習慣，在沒有房子和火炕的時代，他們均穴地而居，也就是住在全地下的地窨子裡，大的家庭，其穴可深達九尺，一家人不管男女老少，都在這個暗無天日的地窨子裡捱著，盼著這漫長的難熬的冬季早些結束。

　　春天來了，殘冰還未化盡，積雪尚有殘留，人們便迫不及待地爬出地窨子，沐浴春天的陽光，年輕人，特別是青年男女爬出地窨子的第一件事就是尋找生命的伴侶。他們把所有的多姿多彩服飾都穿戴上，匯聚到坡上，大道上，

▲ 歌舞《春歌會》

去唱歌,去道情,唱的內容都是有關男歡女愛和對人生、生活的美好嚮往,目的就是求偶,這就是春歌。這段時間,可持續半個月左右,因此,又叫春歌會,史料上稱之為「歌於途,行走求婚」。

春歌有以下戲劇和曲藝特點:

走唱,即表演唱。這與南方有的少數民族的對歌不同,對歌是男女兩個陣營基本站著唱,而春歌的演唱者和參與者想站著唱,氣候條件不允許,站著凍腳,因此,必須邊走(扭)邊唱。

生命之歌。據史料記載,一般情況下,只有在春歌會上定情的青年男女,才有機會通過雙方家庭將婚事繼續進行。因此,稱春歌為生命之歌一點兒不過分,因為春歌會在婚嫁民俗中的主體地位,數千年來一直得以傳承和流傳,為近現代史中二人轉的誕生奠定了廣泛的、獨特的群眾文化基礎。眾所周知,二人轉的稱呼是一九五三年才統一的,在這之前所有的二人轉藝人都稱自己是唱

▲ 歌舞《輕歌曼舞回杯記》

春歌的,「蹦蹦戲」「蹦子」或「地蹦子」等稱呼僅是部分觀眾的叫法,是二人轉藝人所不願接受的。

東北民歌的主體。東北民歌大部分內容都是春歌。在現代二人轉的表演程式中,正戲之前必唱一段小帽,或叫頭型。這小帽或頭型,即是春歌,現在一般都叫東北民歌。但誰都知道,所謂東北民歌的主體就是滿族民歌,而滿族民歌的核心內容即是春歌。

有的滿族民歌,有完整的故事性,有人物,其本身就具有戲曲的潛質,如流傳在吉林境內的滿族民歌《丹查拉米》(漢譯為「到娘家去」或「回娘家」)寫的就是新婚小媳婦想娘家。在滿族婚俗中,由於親家相隔較遠,又因為滿族人家規距多,新婚媳婦輕易不許回娘家去的,但《丹查拉米》中,婆婆卻很開明,不但很同情媳婦,准予回娘家,而且給親家準備了禮,讓媳婦帶回去,一則顯得婆家很重視親家這門親戚,二則對兒媳給足了面子。誰知媳婦即姑奶子回到娘家後,卻遭遇了嫂子的冷落,原打算長住娘家的姑奶子當天就返回了婆家。這一充滿喜劇性的滿族民歌,經編劇陸德華整理,創編成滿族單出頭《回娘家》,在全省二人轉會演上獲得編劇一等獎,並被專家一致首肯為聲情並茂的滿族風情民俗畫卷,獲得了極高的讚譽和好評。

由於春歌的很多潛質,為後來二人轉的產生、生存和發展提供了強勢的、獨特的基礎,才使二人轉在東北的土地上存活幾百年,直至今天仍具極強的生命活力。

薩滿文化中的薩滿戲曲

薩滿戲曲主要是在滿族家族祭祀活動中以薩滿宗教名義展現的以娛神為主娛人為輔的原生態戲曲，它具備以下戲曲基本要素：

薩滿是主要演員。伊通滿族博物館展品中有神帽一對，一男一女，還有四頂栽力戴的黃帽套。

有的薩滿有「本子」——神本子，也叫特勒本子，也有的沒有本子，靠師傅口傳心授。

依據表演內容，人物主要有三個方面：祖先神，自然神，圖騰神。如祭祀活動中的「背燈祭」即是演釋祖先最原始的勞動生活情景和故事。

化出化入式的表演程式。動的人為表演和互動對象。漢八旗薩滿藝人則以謀生為目的，面向並服務於所有各族群眾。

▲ 祭肉神

必須說明的是，薩滿戲儘管具備足夠的戲曲因素，也一貫以戲劇形態存活，流傳於滿族部落和家族之間，但其迄今未有被稱為戲曲，原因是，它主要是在家族祭祀中才有體現。燒旗香的薩滿叫家嚓瑪，即薩滿不是所有滿族人的薩滿，他們生活在單一部落中或家族中，因此，只為本部落或本家族服務，甚至與其他部落或家族的薩滿沒有任何互動或交流，他們各自有的本事（如供奉神祇、功夫、道

▲ 祈福祭祀

行等），只為本部落或家族民眾認可即可。因此，薩滿文化的全部包括戲劇，儘可能多地淡化其社會功能，強化其在祭祀中的神祕性，以增強其在部落或家族中神權的牢固地位。正是這種存活狀態，才使其得以流傳久遠，經久不衰。

▲ 四面花鼓技藝高

瑪虎戲

瑪虎即面具的意思。瑪虎戲就是戴著面具表演的原生態戲曲，類似於南方的儺戲。

瑪虎戲歷史悠久，流傳較廣，如滿族民歌中有「狼來了/虎來了/黑瞎子背著鼓來啦」。可見，瑪虎戲是滿族群眾婦孺皆知且喜聞樂見的戲種。國家一級編劇陸德華挖掘、整理了兩出瑪虎小戲：一部是《盟獵》，表現的是獵人們進山狩獵之前舉行的儀式，獵

▲ 瑪虎戲

人、薩滿與扮演獵物的動物神之間的互動，表現出滿族先人與動物和諧相處。另一部是《音德恩都裡》（即芍藥花神），部落裡被耶魯裡撒了瘟疫，人們面臨死亡、絕種的災難，年輕的巴圖魯挺身而出，去尋找音德恩都裡為人們防災治病，經受了音德恩都裡幾番考驗，終於得到了芍藥花，戰勝了耶魯裡，拯救了鄉親們。這出小戲被《四平文化史略》全文收編刊載，標誌著伊通在挖掘、整理民族傳統戲曲工作方面得到了專家的認可和首肯。

清朝中晚期，伊通的戲曲呈創新和多樣發展的態勢。

康熙五十年（1711年），伊通境內的伊巴丹站修築了戲樓，戲樓坐落於伊丹街中心，面北背南，高二丈七尺，可見其規模之宏偉。在戲樓左有老爺廟，右修娘娘廟。當時伊巴丹站坐落在大御路要塞，經濟繁榮，貿易活躍，是吉林境內重要集鎮，每逢年節，必演大戲。自十八世紀初葉以來，河北梆子、京劇和遼寧弋陽腔經常在大戲樓演出。

清晚期，伊通境內已有二人轉演出。除二人轉外，直至新中國成立前，戲劇在伊通境內主要有以下幾種存在方式：廟會求雨的戲劇活動；堂會做壽時的

戲劇活動；流動席棚的戲劇活動；農戶莊稼院的戲劇活動；茶園室內的戲劇活動。

　　從一七一一年伊巴丹戲樓修建至今，在三百多年的歷史進程中，戲曲演出活動從農村至城鎮，從露天到劇場，演出條件不斷變更，演出形式多種多樣，戲劇自身也在不斷進化，伊通民間文藝不斷繁榮和發展。近現代以來，伊通境內的戲劇種類繁多。

▲　瑪虎戲

▌評劇

　　評劇傳入伊通雖然較晚，但解放初期卻迎來了一個發展小高潮。各區業餘劇團蓬勃興起，有不少業餘劇團排演評戲，如景臺業餘劇團演出評戲《小女婿》《小二黑結婚》等，很受觀眾歡迎。由韋玉田組織、李玲玲擔任業務指導的小孤山職工業餘劇團也先後排演了幾齣評劇，如《秦香蓮》《秋江》等。

　　一九五六年，縣政府文教科從長春市「百花曲藝社」接來以楊華為首的戲班，組建了伊通縣第一個「私營」的評劇團。同年十一月，又從黑龍江省雞西市邀來京劇演員李豔芹。一九五七年，從德惠縣接來演員周麗娟，演員陣容不斷擴大。到一九五九年，成立了國營伊通縣評劇團。從此，伊通縣有了第一個國營文藝表演團體——伊通縣評劇團。評劇團成立後，連續推出大型評劇戲目。一九六四年，評劇團排演了第一個由本地作者編劇（王喜榮、劉揚編劇，高海編曲）的評劇《一條扁擔》，參加四平地區文藝會演，被評為優秀劇目，省電臺錄音播放。

　　一九八五年，評劇團與地方戲劇團合併，稱「伊通縣地方戲曲劇團」。年末，戲劇團解散，評劇演出活動基本終止。

　　評劇作為京評大戲之一，為什麼在伊通僅存活不到半個世紀即壽終正寢了呢？主要是評劇班底太大，劇目生產成本過高，上山下鄉基本做不到，沒有培養自己的觀眾群，從來沒有走向市場。

二人轉

二人轉是伊通父老鄉親精神文明菜籃子裡的主要食糧。

地方戲在伊通有較長的歷史。在清晚期嘉慶年間，伊通境內就有地方戲存活的印記，先後有很多名望較高的藝人在伊通境內活動和演出。我省著名二人轉老藝人楊玻璃棒子（藝名）的第四代傳人王淑琴就來到伊通落戶並在伊通縣地方戲曲劇團擔綱主演，她的報板兒相當有特色，堪稱一絕。

民間二人轉在長期流傳和發展的過程中，產生和造就了一批土生土長的二人轉藝人，他們以各自獨特的表演特色、絕活功夫博得了觀眾的喜愛和追捧，近年來較有特點的藝人如賈相（賈相云）、魏老端、高萬里等。

一九五九年，伊通縣專業地方戲劇團成立，屬集體所有制，演出十分活躍。地方戲曲劇團的生存和發展受到了黨和政府的高度重視，從成立地方戲曲劇團直至二○○五年更名為伊通滿族藝術團，一直是省內較有成就的縣級國營二人轉表演團體之一。特別是上世紀七十年代末八十年代初全省搞二人轉會演以來，地方戲曲劇團皆踴躍參賽，每次參賽都有斬獲，令全省各參賽代表隊刮目相看。

地方戲曲劇團經營和演出的劇目主要有以下三個方面的內容：經過整理、改編的傳統地方戲曲劇目；由伊通戲劇創編室創作的劇目（這部分劇目除面對觀眾以外還參加全國、省、市各級會演）；節假日演出或配合縣委、縣政府中心工作而臨時編排的曲目。地方戲曲劇團自二○○五年更名為伊通滿族藝術團以後，還擔負著搶救、挖掘、整理和編創滿族藝術的任務。如滿族歌舞《盛世歡歌》《春歌會》等。上海世博會期間，伊通滿族藝術團還代表吉林省在世博會吉林展區展演，推出了一臺極具特色的滿族舞蹈，受到世人矚目，為全省人民贏得了榮譽。

一九六四年，縣地方戲曲劇團推出由縣劇作家張文奇創作的單出頭《小老

闖兒》。故事說的是女青年郭秀荷立志為人民公社貢獻自己青春，立志學當小老闖兒。雖然受到當時的侷限，但其藝術表現幾十年一直被東北父老所鍾愛，也被業內奉為單出頭（特別是現代單出頭）的經典和樣板。舞臺劇目由王淑芹老師表演，後來入選電影《長白新歌》時，銀幕演員由省戲校張丫老師扮演。這部單出頭後來被省內外名劇作家多次改編，但任何改編作品也沒有達到張文奇原版的水平，說它是現代二人傳創作史上的神來之筆一點兒也不為過。它既是前無古人的原創，又是後無來者的絕版；它是現代單出頭的一根標竿，是伊通人民的驕傲。作者張文奇是伊通土生土長的劇作家，長期從事藝術創作工作，晚年當選縣政協常委，任老幹部大學校長，直至八十多歲高齡辭世。此外，上世紀七十年代末，伊通營城子業餘作者張玉財創作的單出頭《摔酒壺》等戲曲作品先後在省級刊物《說演彈唱》上發表，在當時產生了良好的社會反響。

　　幾十年來，伊通縣地方戲曲劇團經營和演出了數百個地方戲劇目，演出的足跡遍布省內外很多地方，特別是更名伊通滿族藝術團以來，在省內外舞臺上

▲ 滿族歌舞《盛世歡歌》

更加活躍。表現農家書屋的二人轉《喜事新辦》和部分滿族歌舞等劇目，參加了中央電視臺文藝頻道的節目錄製，《喜事新辦》的兩位年輕演員獲得了表演特等獎。黑龍江電視臺、吉林電視臺等影視媒體都曾錄製和播放過伊通滿族藝術團的劇目。這對弘揚滿族藝術、宣傳伊通滿族自治縣都起到了不可替代的作用。

▲ 獲省一等獎的二人轉小演員王倩倩

伊通滿族藝術團參加省市和全國會演的劇目達數百個之多，獲劇目綜合獎和表演等各單項獎達數百項次，其中，滿族二人轉《辮子墳》，在第十一屆全省二人轉觀摩評比大賽上，在劇目、編劇、編曲、導演、表演等方面均獲一等獎，同時，獲表演二等獎一個，優秀服裝設計獎一個，優秀伴奏獎一個。該劇目參加首屆全國二人轉觀摩評比大賽也獲多項獎勵。二人轉《辮子墳》演出劇照被伊通滿族博物館永久收藏和展出。由該團經營和參賽的滿族神話歌舞二人轉《狼妻》，獲全省第四屆二人轉、戲劇小品藝術節大獎。該劇目無論內容和表演形式均實現了傳統二人轉的突破和創新，真正做到了好玩、好看、好聽，把二人轉的創作和表演推向了新的高度，為二人轉創出了一條新路，是滿族藝術的又一奇葩，為伊通滿族自治縣爭得了殊榮。

在長期的演出實踐中，伊通滿族藝術團形成了自己獨特的表演流派和體系，這就是把滿族藝術和二人轉表演藝術有機結合，確立了滿族二人轉表演體系，伊通滿族藝術團也當之無愧地成為滿族二人轉的表演基地。

從伊通縣地方戲曲劇團到滿族藝術團幾十年的發展過程中，湧現了一代又一代優秀的表演人才，他們中的代表人物有王淑芹、閆福民、常春興、李桂芹和鄭岩等。其中，常春興培養的二人轉小演員王倩倩兩次獲得全省二人轉比賽一等獎。

滿族二人轉《辮子墳》

滿族二人轉《辮子墳》編劇陸德華，編曲張金彪，導演劉豐，表演李桂芹、張生。這個劇本是劇作家陸德華深入生活多年，走訪了全縣滿族同胞聚居的屯落，從滿族厚重的歷史中挖掘到的素材。這一素材的發現，深深地震撼著作者的心靈，滿族人民的犧牲和奉獻精神，滿族同胞生存的艱難和艱難地生存，激起了作者強烈的創作慾望。經過近一年時間的磨礪，十三次大的修改，終於完成了這一二人轉界的里程碑式的著作，在一九九一年全省第十一屆二人轉會演大賽上，一舉獲得全部獎項的一等獎，作者也代表全省編劇登臺領獎。

▲ 二人轉《辮子墳》劇照

《辮子墳》的成功，開創了滿族二人轉創作的先河，為滿族二人轉樹立起一座豐碑，讓人們瞭解了滿族藝術和二人轉完美的結合。同時，作者也在創作生活中完成了自己的定位，那就是立足黑土地，謳歌滿族魂，在二人轉創作領域開拓滿族二人轉創作的新天地。

此後，《辮子墳》又接連奪得首屆全國二人轉新劇目觀摩評獎所有獎項，獲第四屆吉林省政府設立的長白山文藝獎，獲第八屆吉林省戲劇文學飛虎獎。

滿族神話歌舞二人轉《狼妻》

　　滿族神話歌舞二人轉《狼妻》，編劇陸德華、張生，編曲張金彪，導演賈慧敏，表演鄭岩、姚遠等，由伊通滿族藝術團在第四屆吉林省藝術節上推出，一舉奪得藝術節大獎。觀眾普遍認為該戲情節吸引人，畫面具有觀賞性，是滿族二人轉的又一高峰。無論是立意，還是表演設計，都對傳統二人轉進行了徹底的顛覆。一段二十分鐘多一點兒的二人轉，用了三段伴舞，而且歌舞氣勢宏大，場面熱烈，文學性強，故事充滿傳奇性，人物性格鮮明。整個故事圍繞狼的人性、人的狼性反覆探索。最後，狼妻悲嘆，人的狼性比狼還狼。這個二人轉從編劇、編曲到導演都是全省領軍人物，被業內譽為「鐵三角」。

　　二人轉《狼妻》的成功，標誌著滿族二人轉創作已經走向成熟，已形成獨具特色的流派和風格，在二人轉創作領域中占有重要的、不可替代的地位。其他如傳統滿族單出頭《回娘家》、滿族二人轉《楊木嶺》和現代滿族單出頭《車把式》等是伊通戲劇創作室給父老鄉親精神文明菜籃子裡裝填的幾棵新鮮菜。

▲ 滿族歌舞《盛世歡歌》

▍龍燈

　　龍燈也叫龍舞。道具全長二十米左右，
直徑六十至七十釐米，內用鐵絲做成圓形，
安裝燈泡或蠟燭，外用紗布包裹塗色而成。
舞龍者一般數十人。一人在前用繡球逗龍，
其餘全部舉龍，表演「二龍戲珠」「雙龍出水」
「火龍騰飛」「蟠龍鬧海」等動作。龍燈是漢
族和部分少數民族節日傳統燈綵。相傳龍是
吉祥的象徵，因此民間每逢春節、元宵節、
燈會、廟會及豐收年，都舉行舞龍燈的活
動。龍燈一般用竹、木、紙、布紮成，節數
不等，均為單數。其形象按顏色不同，可分
為「火龍」「青龍」「白龍」「黃龍」，每節
內能燃燒蠟燭的稱「龍燈」。中國是龍的故
鄉，中華民族以龍的傳人自居。龍是五瑞獸

之首，龍文化是中華民族最重要的圖騰文化。自古以來，有關龍的傳說浩如煙
海，在古代，人們把「龍」作為吉祥的化身，代表著風調雨順的願望，因此，
用舞龍祈禱神龍的保佑，以求風調雨順，四季豐收。龍也成了中華民族自強不
息的精神像徵。伴隨著時代的發展，舞龍燈重新煥發出勃勃生機，成為企事業
單位、群眾團體歌頌祖國、禮讚幸福生活的隆重熱烈的藝術活動。

　　伊通的龍燈活動始於清代，直至今日每逢春節，回族群眾便聚集於縣城西
廣場等地，自發地組織數十名回族青壯年耍龍燈，進行街頭表演。在嗩吶鑼鼓
伴奏下，「金龍盤玉柱」「蛟龍戲水」等表演，令人賞心悅目。一九五二年曾
參加吉林省第二屆文藝會演大會，受到文藝界好評。

▍獅子舞

　　獅子舞也叫耍獅子。伊通的獅子舞要數汽車配件廠表演得好。每逢春節，獅子舞隊登車而出，大街小巷，或滾繡球，或翻騰跳躍。舞者儘興，觀者開心。一九八五年春節表演獅子舞時，萬眾矚目，無不稱奇。

　　舞蹈形式除了基本的滾繡球和翻騰跳躍，還有「老漢推車」「小媳婦騎驢」等。除了表演各種民間舞蹈外，一九八〇年以後，又加進了許多民間傳說等有實在內容的情節，如「孫悟空三打白骨精」「唐僧取經」「許仙借傘」「豬八戒背媳婦」「八仙過海」以及各種形象的大頭人等，其表演各具特色，形象生動。

▲ 鬧新春

▲ 跑旱船

滿族單鼓舞

單鼓舞也稱太平鼓、單鼓子，源於薩滿教的神歌、頌詞。史料上載，盛於清代，其形式跟遼南一帶五人舞的單鼓相似，但滿族單鼓舞僅一人，有大小兩個鼓。

鼓的直徑一般有一點二尺和六吋兩種，用小鼓請神、頌詞，用大鼓唱歌。其製作方法非常簡單，用有鋼性的五分鐵板做成鼓圈，蒙以羊皮或兔皮做面，鼓柄和穿在鼓柄下面的四個鼓環同鼓圈一樣材料製成。鼓一般為原色，不塗任何色彩，柄用皮子包上，鼓鞭用竹製成，包以紅布，下面繫有紅布飄帶。

跳單鼓者稱「領壇」，是一種職業藝人。民國初期，這種職業藝人曾遍及各地。單鼓舞主要用於祭祖和祈福酬神等儀式活動。凡請跳單鼓舞的人家一般可在頭幾個月或數日事先與領壇約定日期，領壇根據前後順序從十月初一往後排日子，雙方都信守時間。

跳單鼓者身著長衫，向前走三步退二步，邊唱邊舞，手搖鼓和鞭，時而用鼓鞭擊鼓，鼓圈和鼓環也不斷撞擊，發出有節奏的響聲。舞者累時可坐在「馬褥子」（板凳）上唱，演唱《排張郎》《吳大老爺》等曲目，觀者眾多。單鼓舞作為伊通工農業餘劇團的一個獨立節目首次登上省舞臺，參加了全省文藝會演。

「文革」期間，單鼓舞被當作迷信和「四舊」一併掃除。黨的十一屆三中全會以後，落實了民族政策。一九八二年，伊通縣成立第一個滿族鄉——新家滿族鄉。作為滿族聚居的鄉鎮，單鼓舞這種傳統的娛樂形式又開始復活，比較典型的是「關家班」（滿姓瓜爾佳氏），但活動範圍有限，主要用於祭祖。也有一些單鼓藝人除了表演單鼓外，還唱蹦蹦、大鼓等。

詩詞《滿江紅》

姬興周系伊通縣馬鞍山鄉大王屯人。抗戰期間為國際抗日謀略縱火團在華負責人，一九四二年英勇就義。他自幼喜歡詩詞，一九二五年讀中學時，全校開展作文比賽，他寫了一首名曰「村姑」的新體詩：「村姑，村姑/婚姻不自主/命苦對誰訴/埋怨爹媽糊塗/淚下何人苦。」抒發了對封建社會束縛婚姻自由的憤懣之情。

一九四〇年，姬興周被日寇關押在旅順監獄期間，為激勵難友的鬥志，他忍著傷口的疼痛，用磨尖的竹棍蘸著流淌的鮮血寫下一首《滿江紅》在獄中傳唱：

國破家亡，民族恨，不共戴天。掀起來，反抗巨浪，洶湧狂瀾。武裝工農千百萬，挾住強敵五六年。要生存，不怕鬥爭艱，決死戰。身入獄，志愈堅。頭可斷，志不轉。看敵人氣餒，進退兩難。鐵血衝開自由路，奮勇打破勝利關！建設我中華蘇維埃，死無憾！

敵人看硬的征服不了姬興周，就變換手段，派去三個偽滿洲國官員對他軟化勸降。三個漢奸見到姬興周，先是一套假意憐憫殷勤撫慰，然後又現身說法進行規勸和高官厚祿誘惑。結果被姬興周痛罵一頓，像喪家犬一樣溜走了。為戳穿敵人的軟化陰謀，向難友們抒發革命者情懷，他又作《滿江紅》一首，痛斥變節投敵的漢奸走狗：

氣憤填胸，按不住，滿腔仇燃。可恨那，叛徒走狗，國賊漢奸。出賣革命謀己利，陷害同志討敵歡。喪天良，不顧廉與恥，兒孫患。絕同類，背祖先，販人民，花血錢。當狗奴，破壞抗日戰線。群憤生啖賊子肉，眾怒活剝狗心肝。誓殺盡帝國主義，償大願。

難友們看著那血寫的詩詞，悲憤地高聲傳唱。他們垂淚含恨，切齒發誓要同日本侵略者鬥爭到底。監獄為了強制奴化教育，每天早晨逼迫「犯人」朝拜天皇，唱「滿洲國歌」。姬興周發動難友堅決抵制這受屈辱的儀式，並按偽滿洲國歌的曲調，改成《亡國奴之歌》：

中國地廣，跨於滿洲，滿洲變成活地獄，人民塗炭如馬牛。侵略我民族，假設傀儡，欺騙全球。除漢奸，殺國賊，打倒日寇。工農商學兵，一齊奮鬥，最後勝利我山河，人民自由。

此後，每到晨拜時刻，大家就唱姬興周改寫的新詞，全獄難友深受鼓舞，增強了對敵鬥爭勇氣。日本投降後，這些獄中詞曲很快傳到大連地區的各中、小學校。人們為緬懷姬興周和無數為抗日鬥爭而犧牲的烈士，一時間，那雄渾悲壯的歌聲響徹每個校園。如今五十年過去了，那裡的人們依然能唱出當年那雄壯的歌。

一九四二年十二月七日，姬興周從送飯的雜役那裡得知敵人要大批殺害放火團成員的消息。他把在獄中寫下的一些詩稿交給同室難友，深情地和同室難友徹夜長談，直至

▲ 旅順日俄監獄介紹姬興周的事蹟

天明。清晨，姬興周藉著牢窗的一縷微光簡單整一下衣著，然後高聲朗誦自己寫下的豪壯詩篇：

壯志從容入獄中，
身心似鐵氣如虹。
工農革命成功日，
萬里河山一片紅。

這時，牢房的門開了，姬興周大聲叱退進門的獄警，用手銬砸碎門窗玻璃，高聲說道：「難友們，永別了，不要為我們難過，要同日本帝國主義鬥爭到底！我們的鬥爭是正義的，千千萬萬的中國人民會給我們報仇的！」在全獄難友高亢的國際歌聲中，他同趙國文、黃振林、鄒立軍、秋世顯等人高呼：「打倒日本侵略者！中國共產黨萬歲！」英勇就義，年僅三十二歲。

▲ 建在大連的日本「滿族」倉庫被抗日謀略縱火團引燃大火

▌長賦《共唱彩雲歸》

祥和祖國，看民族興旺發達；大好神州，憾金甌尚缺未全。冰河寂寂，炊煙隔斷四十載；骨肉殷殷，願人常見月常圓。春風知別苦，遊子心，心隨鴻雁翔故里；一吟淚雙流，高堂淚，淚眼望穿嘆關山。夫想妻，俏貌依稀夢中見；妻念夫，春發秋謝瘦年年。生死人難卜，風燭鬢斑。互訴心聲憑海浪，相思舊雨透年關。天若有情，當架長虹通兩岸；海若無恨，宜將潮聲變歌弦。

大陸臺灣，手足相連，驀然回首，千百年間。共榮共辱共軌共轍共踏中華大地；同史同宗同姻同緣同頂祖國藍天。愛國何須分黨派，憶往昔，「聯俄聯共，扶助工農」，孫中山先生，力殫心苦，手擎昊天。北伐戰爭，推帝制，討國賊，國共並肩作戰；抗日烽火，同敵愾，掃狼煙，兩黨共復河山。高風大節，合作兩番，千秋功績，同輝史篇。本是再商大業，卻為何，一海隔骨肉，鄉路未通，鄉音杳杳，他鄉難回故園？

海峽兩岸，切切之思念，夢繞魂牽多少載；孔孟學說，淵淵之文化，光輝燦爛五千年。民族感情之紐帶，延綿不斷；歷史長河之香花，永放人寰。中華共仰一輪月，莫忘臺灣屬九天！看今古之士，識時務人，一時佳話，千古俊傑；逆潮流者，自掘墳墓，痴夢難圓。

世上功名萬種，還屬報國當先。望阿里山上，日月潭邊，雲縈寶島，魂夢猶繫九天。海潮滾滾，志士拳拳，襟懷坦蕩，可見心丹。「唯偉大之中華文化，終必使中華一統，為日不遠」，國民黨元老陳立夫先生卓識遠見，慷慨陳言，迴蕩長城內外，赤縣雲天。君可知，民族感情深幾許？吾仰羨，春秋大義頂雲端！

中華素以和為貴，宰相肚裡可乘船。一泯恩仇兄弟笑，三番合作應當前。炎黃大業，同商共議，精誠團結，再續史緣。請聽，海峽之音，曲曲為君奏；且看，和談之路，條條為君開。群星捧一月，光輝照九垓。家國一統，兩岸同

鋪四化路；骨肉團圓，神州共唱彩雲歸！

　　這首長賦《共唱彩雲歸》，為伊通景臺鎮五檯子村青年農民呂子榮在一九九五年所作。《共唱彩雲歸》以殷殷切切思念之情，抒發中華一統「當架長虹通兩岸，宜將潮聲變歌弦」「一泯恩仇兄弟笑，三番合作應當前」的美好願景，同時也歌頌了中華五千年燦爛的文化，國共兩次合作的千秋功績，引起無數華人的共鳴和普遍好評，獲得「聖王杯」海內外詩聯文「進士級」獎。臺灣國民黨元老陳立夫先生閱後親賜條幅「鐵肩擔正義，辣手著文章」。並以此為紐帶，與臺灣許多人士結為摯交，為海峽兩岸的文化交流做出了積極貢獻。此外，喜迎香港回歸的長賦《同賀鳳還巢》，曾得到香港特別行政區行政長官董建華先生私人的秘書回函。

　　臺灣高雄中華楚騷研究會副理事長蔣滌非先生閱《共唱彩雲歸》後，惠來墨寶一幅，上面詩云：「彩雲歸賦意涵深，名噪神州世共欽。妙筆生花多秀句，預期一統見天心。」

　　福建省福鼎市政協、著名書法家陳海亮先生閱《共唱彩雲歸》後惠贈墨寶：「愛國情長期一統，憂時心熱盼三通。」

　　悠悠歲月，而今，《共唱彩雲歸》發表多年，呂子榮多有感懷，又寫出調寄《臨江仙》詞：

　　敢借相如一玉筆，崢嶸歲月當年。廟堂居遠雁儀憐。胸中裝祖國，眼裡是坤乾。

　　想那彩雲飄泊久，殷期早日歸還。中華一統對高賢。個中之寵辱，感嘆在人間！

民間故事集

　　清光緒年間，伊通的民間故事和民間傳說就比較多，典型的有《馮二小傳御狀》《刀砍楊玉樹》等。許多滿族民間故事也在民間廣為流傳，如《義犬救主》《烏鴉救駕》《長白仙女誤吃紅果》《寶石櫃》《罕王挖捧槌》《選娘娘》等，神話如《七星山的來歷》《二郎擔山》等，還有民間故事《魚仙》《親哥倆》等。

　　一九五七年，文化館開始了對民間故事和傳說的蒐集整理工作，到一九五八年，共收集民間文學作品一百九十二篇，一九六一年和一九六二年分別編印成冊。

　　王博的民間故事集《聚寶盆》　一九五七年，吉林人民出版社出版了王博的民間故事集，書名《聚寶盆》，收王博撰寫的民間故事和傳說八篇。一九六五年，王博寫的新故事《南陽湖上一家人》，被人民文學出版社收入《勞模嫁女》一書中。

　　《伊通縣故事卷》編成　一九八七年，伊通縣文化局主編了域內「三集成」

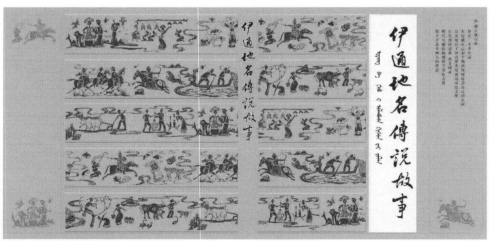

▲《伊通地名傳說故事》封面

《伊通縣故事卷》上下卷，收錄了三百八十七篇新創作和收集整理的民間故事，有的反映了人們的生活習俗、鬥爭精神；有的善意地嘲諷了愚笨和頑劣，歌頌了聰明與智慧。內容有婚姻與愛情，勤學與交友。該書對豐富全縣廣大城鄉人民群眾文化生活、挖掘伊通歷史文化遺產有著重要意義。

《伊通地名傳說故事》出版　二〇一三年一月，孫鐵石、鄭向東主編的《伊通地名傳說故事》由吉林文史出版社出版發行。全書四十二萬字，彩色印刷，精裝。作為縣委、縣政府的一項文化工程，縣領導對這部書的編纂給予高度重視，多次過問並進行審稿，使這部書得以高質量地完成。中國民間文藝家協會副主席、吉林省文聯副主席、吉林省非物質文化遺產保護工作專家組組長曹保明先生對這本書是這樣評價的：「真正將地名文化科學地蒐集與挖掘出來不是一件輕而易舉的事，而《伊通地名傳說故事》的搶救、保護工程恰恰是非物質文化遺產典型理論與實踐的一個成功範例。」《伊通地名傳說故事》記錄了久遠的本土歷史，又以豐富的文史色彩彰顯出這方土地的獨特魅力，從而引發了人類對這塊土地的嚮往與關注。事實上，挖掘地名，保留地名，恰恰是為了弘揚地域，展示地域。當人們進入這部厚厚的「地名」文化史，人們才以驚奇的目光第一次深深地讀懂了這塊土地，認識了伊通的民族，也結識了這裡的人民，感受到那一顆顆赤誠的心靈。這是一項文化遺產搶救工程，這項工程的組織，這部書的編寫，動員群眾之多，工程量之浩大，時間之長久，成果之豐碩，都是空前的。整個工程歷時四個春秋，動員伊通教育界的廣大教師和社會熱心本土歷史文化的人士達六百餘人。在編輯整理過程中，有一些熱心老人如白力清、孫英林等相繼去世，使人們更加感到地名等文化遺產的搶救工作刻不容緩，已經搶救的資料彌足珍貴。可以說，他們所做的，是構築中華民族文化的萬里長城中的一段。他們的精神，他們的貢獻，歷史是不會忘記的。

滿族說部《伊通州傳奇》

▲《伊通州傳奇》封面

二〇〇九年四月，伊通出了一部滿族口頭遺產傳統說部叢書《伊通州傳奇》，本說部的講述者是伊通景臺人溫秀林，全書五十萬字。內容為依克唐阿向慈禧太后講述的家鄉離奇古怪的故事。從這些生動曲折的神話傳說中，折射出滿族先民的生產生活、民情風物和勤勞勇敢的品德，鞭撻了為人所不齒的見利忘義、不勞而獲、陰險狡詐的醜惡靈魂。

本說部講唱的並不是一曲首尾連接、經緯交織的頌歌，而是由一百六十八個短故事綴合而成；情節不是圍繞著中心人物鋪開，而是各自獨立、各不相干、各有特色；故事不是實打實地敘述滿族先民的鬥爭史，而是編織騰飛的幻想、美麗的神話；再現的不是真人真事，而是一些所謂的神仙、鬼怪、妖魔。從歷史的進程中生發出一種相呼應的滄桑感，從多個側面折射出滿族的生活樣式、風土人情、審美情趣、民族心理、思維動態，人物多為俠肝義膽、扶危濟困的好漢，待人質樸、忠厚又不失精明。情節的展開，採取設置懸念的手法，凸顯柳暗花明之境，使故事曲折生動，扣人心弦，有較高的文學和歷史價值。

作為說部，它是世代相傳的口頭文學遺產，經過四代傳承，傳給了溫秀林。他多次聆聽姥爺和母親講唱《伊通州傳奇》，利用工作之餘細心進行補充、豐富、修改，借蒐集、徵集滿族說部之機，終於形成了完整的說部講述傳本。使這一珍貴的滿族文化遺產得以面世。

本說部的講述者溫秀林，吉林省伊通滿族自治縣人，滿族。曾任伊通滿族研究會理事長、伊通民間文藝家協會副主席、主席、伊通滿族文學社副社長、市民研協會理事、伊通滿族收藏家協會理事長，係吉林省民俗協會會員。

書法作品

　　季果和他的書法之家　季果是伊通書法界的領銜人物，原名趙永和，號夢庵，男，滿族。一九五三年五月出生。一九八八年四月，加入吉林省書法家協會，一九八九年三月，加入中國書法家協會。現為吉林省書法家協會理事、四平市書法家協會副主席。

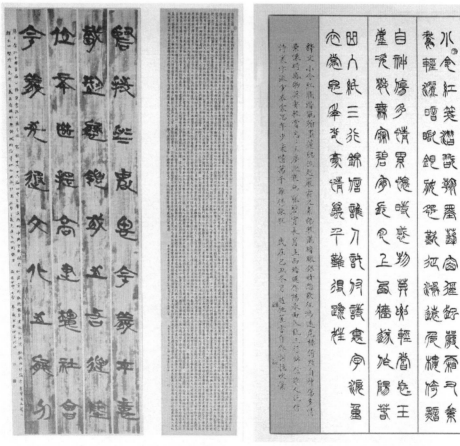

▲ 季果篆書在全國書法大賽獲獎　　▲ 小楷作品在全國古象杯書法大賽獲金獎　　▲ 趙馳篆書作品在全國獲獎

季果擅長顏體小楷和篆書。他的顏體小楷頗有功力，篆書宗法秦漢，寬博朴茂。在季果的影響下，妻子劉桂香，女兒趙馳，女婿吳岩，兒子趙元，兒媳那樂，一家人都熱衷書法。在吉林省首屆臨帖（碑）書法大展上，他的家庭成員都有作品入展，成為這屆書法大展的一大新聞。趙馳擅長運筆挺勁犀利、筆道瘦細峭硬而又腴潤灑脫的瘦金體楷書和章草，並對章草頗有研究。她的篆書學清代徐三庚，追求陰柔之美；趙元習結字方正而錯落的金農漆書。

季果一九八八年七月獲「九成宮杯」全國書法大賽三等獎（中國書法家協會主辦）；一九八八年十一月獲「古象杯」全國書法大賽一等獎（中國書法家協會主辦）；一九八九年八月獲長白山國際書法大賽佳作獎（中國書法家協會主辦）；二〇〇四年入展第六屆亞洲藝術節書法精品展（吉林省文化廳、吉林省書法家協會主辦）；二〇〇五年十月入選「三晉杯」全國首屆公務員書法大展（中國書法家協會主辦）；二〇〇八年入展慶祝改革開放三十週年吉林省書法大展；二〇〇九年入展慶祝中華人民共和國成立六十週年吉林省書法大展；作品參加吉林省歷屆書法展。

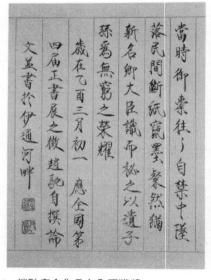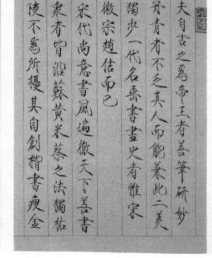

▲ 趙馳瘦金作品在全國獲獎

季果妻子劉桂香作品二〇〇二年入展吉林省首屆臨帖（碑）書法大展、二〇〇三年入展吉林省第二屆臨帖（碑）書法大展；二〇〇四年入圍第六屆亞洲藝術節書法精品展（吉林省文化廳、吉林省書法家協會主辦）；二〇〇九年入展慶祝中華人民共和國成立六十週年吉林省書法大展。

　　季果長子趙元，原名季雙喜。吉林省書法家協會會員。二〇〇二年進入一丹陶藝工作室，師從藝術家王勝利先生，學習創作陶藝。二〇〇七年六月進入伊通滿族自治縣吉金書畫美術社從事書畫教學；二〇一〇年創立吉金藝術工作室，進行藝術創作，平面、圖書設計；二〇一一年參加俄羅斯雕塑藝術大師班進修。

　　二〇〇二年獲吉林省首屆臨帖（碑）書法大展三等獎；二〇〇三年八月入選好太王碑書法邀請展；二〇一三年十二月獲吉林省第二屆臨帖（碑）書法大展二等獎；二〇〇四年入展紀念鄧小平同志誕辰一百週年吉林省書法美術作品展覽；二〇〇四年入展第六屆亞洲藝術節書法精品展；二〇〇八年入展慶祝改革開放三十週年吉林省書法大展；二〇〇九年入展慶祝中華人民共和國成立六十週年吉林省書法大展。

▲ 趙元作品獲省第二屆臨帖書法大賽成年組銀獎

　　季果女婿吳岩，二〇〇三年加入吉林省書法家協會。二〇〇三年作品入選吉林省第二屆臨帖（碑）書法大展；二〇〇四年獲第二屆新世紀全國教師三筆字書法作品大賽一等獎、「語文報杯」全國教師書法大賽一等獎；二〇〇四年入展紀念鄧小平同志誕辰一百週年吉林省書法美術作品展覽、第六屆亞洲藝術節書法精品展。同年，書法論文《紮根傳統文化推進寫字教學——寫字課中的道德教育與審美培養》獲第一屆

▲ 季果的篆書

▲ 劉桂香的隸書

「吉教杯」教育教學論文一等獎；二〇〇七年入展四平市解放六十週年書畫展；二〇〇八年入展慶祝改革開放三十週年吉林省書法大展；二〇〇九年入展慶祝中華人民共和國成立六十週年吉林省書法大展。

季果兒媳那樂，吉林省書法家協會會員。二〇〇九年作品入展慶祝中華人民共和國成立六十週年吉林省書法大展。

新人輩出的伊通書法作品　伊通的書法界，人才濟濟，代代相銜。早在清末，依克唐阿將軍的「龍」「虎」字就聞名於縣內外。清代鄭文炳、吳松明、陳冠三的書法名噪一時。二十世紀六十年代後，伊通出現幾位書法名人，如施永安善於隸書，王敬思的魏碑朴茂雄強，吳通滯的作品晉韻十足，他們的書法作品在國內外均有一定影響。營城子鎮的楊英傑等人在當代著名書法家李華錦（長影字幕師，走「五七」道路到那丹伯）的輔導下，書法技藝提高很快，形成了獨具一格的營城子書風。到了上世紀八十年代，孫英林作為書法界領軍人物組織開展書法活動非常活躍。徐志的小草古樸飄逸，關雲飛精心鑽研歐體楷書和魏碑，技法精準完備。進入到二十一世紀以後，伊通書法隊伍日益壯大，以陳中秋、劉興軍、孫廷尉、周鳳傑、趙馳、苗旺、張鐵驊、劉思含為代表的伊通青年一代書法家迅速成長，並逐漸成為伊通書法的中堅力量。

劉興軍擅長大字榜，氣勢恢宏；苗旺的筆法飄逸雋秀，自然流暢，頗有書卷氣；陳中秋擅草書，技法完備；周鳳傑的作品活潑靈秀，飄逸自然；孫廷尉的書法仿多種漢代隸書碑帖的古樸風格；張鐵驊學歐體趙體，端莊秀美……

▲ 蔚為大觀的伊通書法作品

善書調合是手腕
用兵文化見正奇
英傑書

▲ 楊英傑書法作品

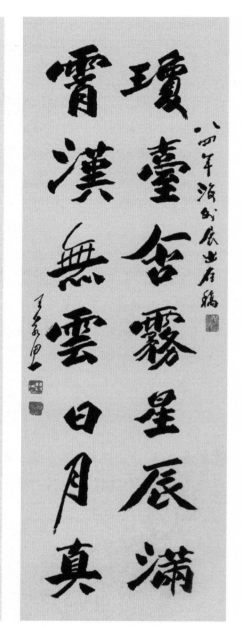

瓊臺合霧星辰滿
霄漢無雲日月真

▲ 王敬思書法作品

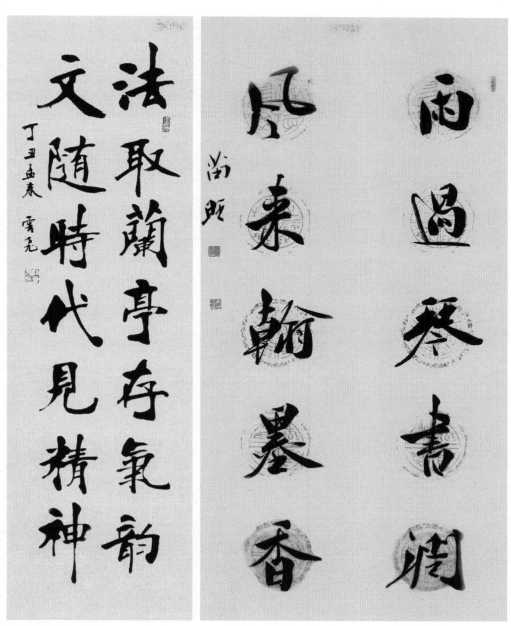

▲ 關雲飛書法作品　　　▲ 苗旺書法作品

乘時堪博古

光華能照物

嚴崖掛杖看雲起
松下橫琴待鶴歸

興軍

丙戌季元月

陳中秋書

▲ 劉興軍書法作品

▲ 陳中秋書法作品

江城如畫裏　山晚望晴空　兩水夾明鏡　雙橋落彩虹　人煙寒橘柚　秋色老梧桐　誰念此樓上　臨風懷謝公

壬辰春月　鳳傑

▲ 周鳳傑書法作品

▲ 張鐵驊書法作品

▲ 孫廷尉書法作品

▲ 曹洪宇書法作品

慶曆四年春滕子京謫守巴陵郡越明年政通人和百慶俱興乃重修岳陽樓增其舊制刻唐賢今人詩賦於其上屬予作文以記之于觀夫巴陵勝狀在洞庭一湖銜遠山吞長江浩浩湯湯橫無際涯朝暉夕陰氣象萬千此則岳陽樓之大觀也前人之述備矣

然則北通巫峽南極瀟湘遷客騷人多會於此覽物之情得無異乎若夫霪雨霏霏連月不開陰風怒號濁浪排空日星隱耀山岳潛形商旅不行檣傾楫摧薄暮冥冥虎嘯猿啼登斯樓也則有去國懷鄉憂讒畏譏滿目蕭然感極而悲者矣至若春和景明波瀾

不驚上下天光一碧萬頃沙鷗翔集錦鱗游泳岸芷汀蘭鬱鬱青青而或長煙一空皓月千里浮光耀金靜影沈璧漁歌互答此樂何極登斯樓也則有心曠神怡寵辱皆忘把酒臨風其喜洋洋者矣嗟夫予嘗求古仁人之心或異二者之為何哉不以物喜不以

己悲居廟堂之高則憂其民處江湖之遠則憂其君是進亦憂退亦憂然則何時而樂耶其必曰先天下之憂而憂後天下之樂而樂乎噫微斯人吾誰與歸時六年九月十五日錄宋范仲淹岳陽樓記歲在癸巳仲春時節於伊水之濱劉思含書

▲ 劉思含作品獲省首屆臨帖書法大賽少年組金獎

中國畫

伊通的中國畫以吳樹國為代表，他的代表作《嬉戲圖》入選「2012 年群星璀璨全國群眾美術、書法、攝影優秀作品展」的同時，代表吉林省參加第十屆中國藝術節「群星獎」書畫門類作品大賽。圖中畫了幾十個情態各異的兒童，有的讀

▲ 吳樹國中國畫《嬉戲圖》獲文化部 2012 群星璀璨全國群眾美術書法攝影優秀作品展優秀獎

書，有的下棋，有的畫畫，有的摔跤，有的滾鐵環，有的做老鷹抓小雞的遊戲，表情生動，質樸可愛。與此畫題材類似的中國畫《無憂圖》入選「第二屆全國書畫院作品聯展」，被編入《第二屆徐悲鴻美術獎獲獎作品集》出版發行。

吳樹國長期從事繪畫創作和美術教學工作，現為伊通滿族自治縣文化館副館長。他潛心研習現代重彩畫技法，創作作品題材注重民族風格和地方特色，多幅作品在國內外美展獲獎，部分作品被藝術院校和博物館收藏。其中，中國畫《馬蹄寺印象》入選「中日民族美術家書畫作品展」，並在日本國展出；重彩畫《舞仙》入選「新加坡民族藝術節中國書畫作品展」，作品在新加坡展出；一九九八年油畫《殘雪》獲吉林省群眾美展三等獎。

▌油畫

　　伊通的油畫最有成就的當為李海岩，他的代表作《白樺林》入選「2012群星璀璨全國群眾美術書法攝影優秀作品展」的同時，代表吉林省參加第十屆中國藝術節「群星獎」書畫門類作品大賽。李海岩的油畫作品多反映東北地區地域特點和民俗。

　　李海岩，一九八六年畢業於吉林藝術學院美術系繪畫專業，現為伊通滿族自治縣文化館美術部主任。一九八六年，油畫《橙紅色的光》獲吉林省第二屆青年美展三等獎。同年刊登在《作家》雜誌創刊號的封面、封底。一九八八年，

▲ 李海岩油畫《白樺林》

▲ 李海岩《關東煙》獲第二屆東北亞書畫攝影展銅獎

▲ 李海岩《一首老歌》獲第三屆東北亞書畫攝影展優秀獎

油畫《出山坳》獲四平市群眾美術書法作品展二等獎。一九九〇年，油畫《暢歸》獲吉林省群眾美術作品展優秀獎。一九九〇年，年畫《金玉滿堂》在吉林美術出版社出版全國發行。一九九一年，年畫《普天同慶》在吉林美術出版社出版全國發行。二〇〇九年，油畫《直播2008……》參加吉林省慶祝中華人民共和國成立六十週年暨吉林省美術家協會成立五十週年美術作品展，獲優秀獎；在第十五屆「群星獎」吉林省美術、書法、攝影作品選拔賽中獲得優秀獎。二〇一〇年，油畫《關東煙》獲第二屆東北亞書畫攝影展銅獎，並被館藏。二〇一一年，油畫《一首老歌》獲第三屆東北亞書畫攝影展優秀獎，並被館藏。

▌攝影作品

　　伊通的攝影作品在省內有較大影響，尤其以反映滿族民俗的作品頗受好評。其中，作品最多的當為孫鐵石、郭旭東。伊通的農民攝影和少兒攝影在全國也較有影響。

　　孫鐵石的攝影作品　孫鐵石的代表作《查干湖漁工勞作的一天》獲二〇一一年「愛我中華」全國攝影大展銀質收藏獎。作者曾經四次赴查干湖採風，頂著嚴寒拍攝冬捕冰湖騰魚的壯觀景象，拍攝了大量作品，選擇十幅編成組照《查干湖漁工勞作的一天》，受到評委和觀眾的一致好評。

　　作品《城市拓荒者》《靜思》於二〇一〇年獲長春城市雕塑攝影大賽銅獎；《最後的漁獵部落》獲非物質文化遺產攝影大賽優秀獎；《和諧一家親》獲二〇一二年天景杯「優美吉林·美好環境」攝影大賽一等獎；《鷹把式》獲淨月潭瓦薩滑雪節攝影比賽二等獎；《碧灣》獲「我愛母親河」攝影比賽二等獎；《小橋流水人家》獲「金越·逸墅藍灣」攝影比賽三等獎；《中國家庭》獲二

▼ 冬捕祭湖

▲ 孫鐵石組照《查干湖漁工勞作的一天》獲二〇一一「愛我中華」全國攝影大展銀質收藏獎

▲ 孫鐵石作品《中國家庭》獲二〇一二年天景杯「優美吉林・美好環境」攝影大賽獲一等獎

〇一三年「魅力南湖」攝影大賽銅獎。在二〇一四年「天怡杯」網絡攝影大賽中，孫鐵石的《養生天堂‧賞心悅目》獲三等獎。孫鐵石三十年來一直苦心鑽研，勤耕不輟，創辦了錦繡伊通風光攝影工作室，出版了孫鐵石攝影二十年作品專集《鏡界》、錦繡伊通風光攝影集《孤山神韻》等畫冊，舉辦了「錦繡伊通暨人與自然個人攝影作品展」，作為伊通滿族攝影家協會主席，組織策劃了一系列攝影活動。

郭旭東的攝影創作　郭旭東的作品多反映滿族民俗風情。代表作《滿族婚禮挑蓋頭》入選二〇一〇年「白山松水‧精彩吉林」攝影作品展，在文化國門——北京首都國際機場展出，並獲二〇一〇年東北亞國際書畫攝影大賽銅獎。《最後的漁獵部落》《滿族獵鷹》獲二〇一一年首屆中國非物質文化遺產攝影巡迴展優秀獎；《滿族婚禮》入選二〇一二年吉林省首屆建設社會主義新

▲　郭旭東《楓情》獲首屆金鶴獎全國數碼攝影大賽最佳色彩獎，並在二〇一一平遙國際攝影展中展出

▲ 郭旭東《滿族婚禮挑蓋頭》獲二○一○年東北亞國際書畫攝影大賽銅獎

▲ 郭旭東《夕陽醉銅牛》獲二○一三「雪花純生」中國古建築攝影大賽優秀獎

農村攝影展;《轉轉轉》入選央視二〇一一年春晚「我的幸福瞬間」;《山村婚禮》入選二〇一三年吉林省首屆建設社會主義新農村攝影展。

他攝於本溪關門山的作品《楓情》以絢麗的色彩征服了評委,獲首屆金鶴獎全國數碼攝影大賽最佳色彩獎,並在二〇一一年平遙國際攝影展中展出;《五彩石》獲二〇一二年「天橋溝風光」網絡攝影大賽優秀獎;《南瓜之路》榮獲第九屆中國長春國際農業食品博覽會「綠色攝影」農博會攝影大賽三等獎;《角樓餘暉》榮獲二〇一一年「魅力葉赫」攝影大賽優秀獎;《醇熟臻品別墅》榮獲「御翠園」杯攝影大賽銀獎;《轉》榮獲二〇一二年四平市職工「喜迎十八大」書畫攝影大賽優秀獎;《夕陽醉銅牛》獲二〇一三年「雪花純生」中國古建築攝影大賽優秀獎。

伊通的農民攝影和少兒攝影　伊通滿族攝影家協會組織「送文化」的同時,腳踏實地實施「種文化」工程,積極組織攝影志願者開展對山村兒童和農

▲ 張榮成作品《鴨子除草》在第四屆農民攝影大展中獲銅獎

▲ 張榮成作品《一聲令下》獲第四屆中國農民攝影大賽優秀獎

▲ 鄭英楠《升旗》獲第十四屆理光杯「我是中國小記者」全國攝影大賽優秀獎

▲ 高賀椿《跳大繩》獲第十四屆理光杯「我是中國小記者」全國攝影大賽優秀獎

▲ 韓新茹《鷹蛾的翅膀》獲第十四屆理光杯「我是中國小記者」全國攝影大賽優秀獎

▲ 侯闖《寶寶樂了》獲「家‧愛——中國青少年攝影比賽」優秀獎，並到國外巡展。

◀ 王元澤《樹洞裡的春天》在二〇
一二年「熱愛生命，感悟幸福」
第四屆吉林省中小學生優秀短作
品創作中，獲得特等獎。

民的培訓、輔導活動，並在伊通河源鎮保南小學建立了「山裡娃」攝影培訓基地。保南村農民張榮成《鴨子除草》獲第四屆中國農民攝影大展銅獎，《一聲令下》獲優秀獎。

第十四屆理光杯「我是中國小記者」全國攝影大賽我省三人獲獎，均為保南村小學學生：韓新茹《鷹蛾的翅膀》獲優秀獎，高賀椿《跳大繩》獲優秀獎，鄭英楠《升旗》獲優秀獎，指導教師為孫鐵石、鄭向東、郭旭東。

二〇一四年，在由中國對外友好協會、人民畫報社、中國少兒報刊工作者協會小攝影家分會聯合舉辦的「家·愛——中國青少年攝影比賽」中，保南村十二歲孩子侯闆的作品《寶寶樂了》獲優秀獎，指導教師為郭旭東、鄭向東。

滿族小學學生王元澤的攝影作品《樹洞裡的春天》，在二〇一二年「熱愛生命，感悟幸福」第四屆吉林省中小學生優秀短作品創作中，獲得特等獎。

氣象萬千的攝影作品　伊通的攝影家們以弘揚滿族文化、推動人類文化遺

▼ 伊通攝影志願者與省攝影家協會志願者共同深入大孤山村拍全家福

產的保護為己任，用攝影手段發掘、保護、搶救、研究整理滿族珍貴的民俗文化遺產。他們立足伊通，行攝天下，拍攝了大量反映滿族民俗的照片，為宣傳吉林特別是宣傳伊通，展示伊通風貌，建設生態、文明、富裕的民族文化名縣做了大量卓有成效的工作。近幾年，先後拍攝、整理、出版《東北民間薩滿眾神》《魅力伊通》掛曆和《伊通概況》《伊通旅遊》畫冊，為上海世博會宣傳折頁提供圖片，參與《伊通滿族自治縣縣志》的拍攝，出版五十萬字的《伊通地名傳說故事》。在伊通城鄉舉辦了一系列攝影比賽和展覽，如慶祝建國六十週年攝影展，「皇金鼎杯」伊通風光民俗攝影作品展，大孤山「杏花梨園」民俗風光首屆攝影展，「迎國慶，展教育風采」大賽，「魅力伊河源，生態保南

▼ 鄭向東《白山湖晨曲》獲二〇一一年東北亞國際書畫攝影大賽優秀獎

村」攝影大賽。

　　他們積極開展「文化惠農直通車」和「惠民、為民、樂民」活動。二〇一四年、二〇一五年元旦、春節期間，先後組織伊通攝影志願者深入本縣十四個貧困村，開展送文化下鄉、為農民家庭拍攝「全家福」活動。二〇一四年五月，在「中國文藝志願者服務日」期間，伊通滿族攝影家協會與長春市攝影家協會一起，教山村留守兒童學習攝影，在社區舉辦「一切為了群眾」攝影展。伊通滿族攝影家協會二十五人獲得省「文化惠農活動先進個人」稱號。

　　在這些攝影家中，於金有作品《薩滿文化》在「印象葉赫」攝影大賽獲三等獎，二〇一二年「我愛母親河」攝影比賽獲三等獎；《伊通河治理》在四平

市職工喜迎十八大書畫攝影大賽獲三等獎。滕雲飛組照《松嶺人家》獲「中國雪村——臨江松嶺」全國攝影大賽優秀獎。楊貴東的作品在二〇一四年省「新睿航杯」「文化惠農，福送農家」攝影大賽中獲優秀獎。宋光輝《飛花似箭》在四平「九月鮮花」攝影大賽獲優秀獎，《雪野人家》《分享》在第三屆「華宇杯」攝影大賽獲優秀獎；《紅紅火火》獲四平市職工「喜迎十八大」書畫攝影大賽優秀獎。范生作品《彩虹橋》在四平「九月鮮花」攝影大賽獲優秀獎；《直上九霄》在「印象葉赫」攝影大賽獲優秀獎；《抗洪打樁》獲四平市職工喜迎十八大書畫攝影大賽優秀獎。楊密林《世博會上滿鄉情》獲四平市「九月鮮花」攝影大賽優秀獎。商萬有《彩虹瀑》獲四平「九月鮮花」攝影大賽優秀獎。王大偉《古寺浮香》獲第三屆「華宇杯」攝影大賽優秀獎。衣秀國《功夫》獲第三屆「華宇杯」攝影大賽優秀獎。農電有限公司杜秀蓮《關愛》獲四平市職工「喜迎十八大」書畫攝影大賽優秀獎。二〇一四年「天怡杯」網絡攝影大賽中，楊貴東作品《護花使者》《勇往直前》獲優秀獎，孫岳的《花的海洋》獲優秀獎。

▲ 鄭向東《白居易紀念苑》獲古建築攝影大賽優秀獎

▲ 于金有《伊通河治理》在四平市職工「喜迎十八大」書畫攝影大賽獲三等獎。

▲ 鄭向東《北國風光》獲光明網攝影大賽銅獎

▲ 宋光輝《紅紅火火》獲四平市職工書畫攝影大賽優秀獎

▲ 楊貴東《勇往直前》在二〇一四「天怡杯」網路攝影大賽中獲優秀獎

▲ 滕雲飛《松嶺人家》獲「中國雪村──臨江松嶺」全國攝影大賽優秀獎

古錢幣收藏

　　古錢幣是中國收藏史上一個重要品類，吉林省錢幣學會理事，縣政協第二、第三屆委員，第四、第五屆常委武中文就是這眾多收藏愛好者中的一員。幾十年來，武中文把錢幣收藏研究成果寫成數十篇論文，發表在省、市報刊的收藏版上。從古錢幣的用材、製作、文字、圖案、收藏、辨偽、錢莊銀行和特殊古錢幣等方面都有探索研究論文。尤其是對後金至清末的貨幣研究，構成了完整的系列，取得了可喜成果。中央電視臺、中央人民廣播電臺《海峽之聲》、瀋陽軍區《東北後備軍》《吉林日報》《四平日報》《四平電視臺》《伊通報》、伊通電視臺等新聞媒體先後做過新聞報導和專題報導。

　　武中文自幼喜歡書法，偶得北京徽宗的「崇寧通寶」御書錢，後來又發現了大文豪蘇東坡、大書法家歐陽修的墨跡也鑄造在了當時的錢幣上，這就更深深地吸引了他。兒時的他就常用爹媽給買糖球兒、冰棍兒的零花錢跟小朋友們換「大錢兒」（古錢幣）。當時，他的心裡還沒有「收藏」這個概念，只是覺得凡是鑄在錢幣上的文字一定是最好的。

　　武中文的古錢串子一天比一天見長。隨著藏品的增多，有關古錢幣的知識也越來越多，研究和鑑賞能力也不斷提高。一九九一年，他結合本地的人文歷史，寫出了《對流通在伊通境內的古錢幣初探索》的論文，發表在《吉林錢幣》（1991 年第 4 期）上。通過對古錢幣的研究，不僅有了對地方史志的瞭解，也加深

▲ 武中文收藏的古錢幣

了對中華民族興衰史的認識。

　　武中文不僅從學術上研究古錢幣，而且還從藝術角度獨闢蹊徑，把古錢幣的復品裝飾成吉祥的「飛龍」圖案，其中一幅黃地九十九枚清朝錢幣「飛龍」圖案，象徵中華民族炎黃子孫是龍的傳人。二十世紀初，他又創作一幅橫跨二十個世紀、用五枚「千喜」的古今錢幣設計成寓意為「世世代代都有錢」的吉祥藝術品，表現出很高的藝術價值，受到專家學者們的好評。他在收藏古錢幣過程中結交了一大批志同道合的朋友，同很多省、市（自治區）的專家學者及同好交流收藏經驗和藏品，拜師訪友，同省內著名古錢幣專家寶雙彬、黃一義先生、胡學源先生成為忘年交，在交往中發生了許多感人的故事。

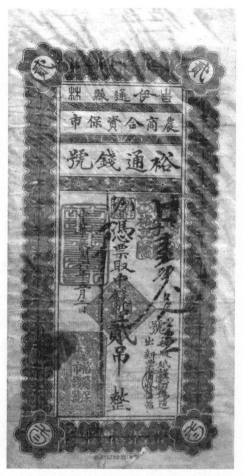

▲ 武中文收藏的伊通早期金融機構裕通錢號在一九一七年印製發行的紙幣，在省內錢幣學術界引起轟動

▌火花收藏

　　火花，顧名思義，就是火柴盒上的商標和貼畫。它不僅是一枚普通的商標，同時也是一張微型的藝術品。火花藝術是一種大眾化的實用藝術，給人一種美的享受，這種美源於自然，高於自然，深受收藏者的喜愛。火花題材範圍廣泛，天文地理、歷史文學、人物山水、動物花卉、科學藝術、名人字畫、成語故事……幾乎是無所不包。由於火柴已逐漸被打火機替代，其生產日益減少，漸漸走向被淘汰的境地，許多火柴廠倒閉轉產，這將火花收藏幾乎帶入絕境，收藏非常困難，花源面臨枯竭，這門收藏已將成為歷史。

　　以收藏火花而聞名縣內外的李志民，從一九九三年開始收藏火花，二十年

▲ 熱衷於火花收藏的李志民

▲ 中國一百九十四位皇帝火花收藏

來始終不懈，已有各種火花達八萬餘枚。目前，全縣火花收藏者中有如此數量的還沒有發現第二位。李志民的火花收藏題材非常廣泛，如自秦朝（西元 221年）至清朝末代皇帝溥儀（1911 年），中國歷史上共有一百九十四位皇帝，從他們的生卒年，即位時間、年限及當皇帝時所用的貨幣字號，全在一套火花中體現出來。他還有京劇臉譜一套四百五十枚，形式和內容各有不同，體現出京劇臉譜藝術的精華，非常有珍藏價值。

火花是一部帶圖的百科全書，可在其中查找歷史資料和事件發生的時間等。伊通滿族自治縣成立十週年時，由伊通收藏家協會舉辦的收藏展覽中，他收藏的火花獲得一等獎。火花收藏雖然即將結束，代替火花的打火機也是很好的收藏品。目前，李志民已收藏各種類型的打火機近千個。

▲ 琳琅滿目的火花收藏

▌郵票收藏

在伊通眾多的集郵愛好者中，伊通退休幹部李志民是其中的佼佼者。他從少年時代開始集郵，至今已有四十多個年頭。因當時家庭經濟狀況不好，郵票的收集也比較困難，只能揭取別人郵件上的郵票收集起來，所以，他所收集的一些老紀特郵票的品相多有殘缺。由於一直堅持著自己喜愛的集郵收藏，四十多年來，共收集老紀特八百餘枚，自一九七四年至現在的郵票和型張基本不缺，總數現已達萬枚。由於酷愛集郵，他曾參加過一些集郵展覽。在一九九九年吉林省郵政公司舉辦的吉林省集郵展覽中，他的集郵展品獲得三等獎，在本縣民族文化收藏展覽中，他的參展郵票獲得一等獎。

▲ 珍貴的黃軍郵

▲「文革」期間郵票

▲「文革」期間郵票

第六章

文化風俗

滿族在其漫長的歷史發展進程中，形成了自己特有的民風習俗。伊通作為金代女真和海西女真的故地，至今仍保留許多有自己地域特點的滿族風俗，形成了豐富多彩的社會生活畫卷。這種獨特的文化風俗，正是文化多樣性的體現，是令每一個當地人陶醉和安居樂業的精神寄託，是凝聚鄉情的核心內容，是彌足珍貴的非物質文化遺產。滿族民風民俗，燦若星河，博大精深，在中華民族傳統文化中富有極強的生命力，是眾多民俗專家學者十分感興趣的考察瞭解內容，具有重要的研究價值。

伊通滿族修譜概述

　　家譜或稱宗譜、族譜、譜牒、家乘等，是一個家族或宗族記載宗族人物世系和宗族事蹟的冊籍。家譜已成為中國民間最常見的傳世文獻，是正史、方志之外的重要歷史文獻補充。生活在漢族地區的少數民族倣傚漢民修訂家譜的情況也並不少見，這其中尤其值得一提的就是滿族的修譜。

▲ 最原始的家譜——子孫繩

　　一部家譜中，從這個家族的興起、繁衍、分派、遷徙，到家族的歷代英賢、家規家訓、祠堂宗廟、詩文著作，縱橫幾百年，上下數千人，內容豐富，包羅萬象，充分反映了各方面的關係，具有很大的文獻價值。一冊家譜就是一個家族的總記錄，就是該家族的發展史，家族人物的風雲變幻、宦海沉浮，家族的興盛衰落、流轉遷徙，通過一冊家譜盡收其中。一個家族有了家譜詳細完備的記錄，縱然天涯海角，縱然代遠宗長，同宗同族的血親是隔不斷的，是一

脈相承的。這就是家譜最基本的功能即敦宗睦族、凝聚血親的功能。

改革開放以來，中國經濟實力和綜合國力進一步加強，國際地位日益提高，這大大增強了海外炎黃子孫的向心力，海外華人尋根謁祖形成熱潮。許多臺灣同胞、港澳同胞、海外僑胞紛紛返回故里，尋訪祖先的遺跡，拜會故地的親人。一部家譜，常常使他們因能認祖歸宗而熱淚盈眶，激動不已。不少海外僑胞中的企業家、實業家慷慨解囊，投資家鄉，為故地的經濟發展和祖國的經濟建設添磚加瓦，略盡綿薄之力。家譜成為聯繫海內外炎黃子孫的紐帶，成為增強我們中華民族凝聚力的橋梁。

一部較完整的家譜，通常由以下幾個部分組成：譜名、譜序、凡例、姓氏源流、世系考、世系表、人物傳記、祠堂、墳塋、家規家訓、恩榮錄、像贊、藝文、纂修人名、領譜字號等。

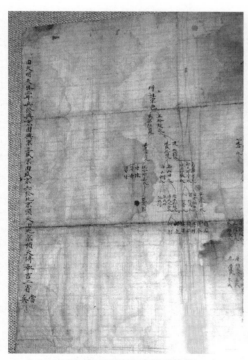

▲ 家族的遷徙與清軍的移防撥兵有關

▲ 全滿文家譜局部

清代，是滿族家譜的日漸成熟期，修譜成了宗族生活中最重要、最隆重的活動之一，有的宗族三十年一修，有的宗族六十年一修，因而湧現出大量的私修家譜。滿族自古素有龍、虎年修譜之習俗。

十七世紀滿族崛起於東北，繼而入主中原。伴隨著與中原文化連繫的日益緊密，滿族受中原文化的影響日益加深，加之清代特有的八旗制度，使得滿族修譜之風較中原漢族有過之而無不及，可謂「家家有譜，戶戶有乘」。這與康熙盛世重視文化有關。因此，當時家譜出現的數量較多，現傳世的數量也相當可觀。

東北地區是清王朝的「龍興之地」，擁有豐富的滿族家譜資源。由於滿族主要聚居

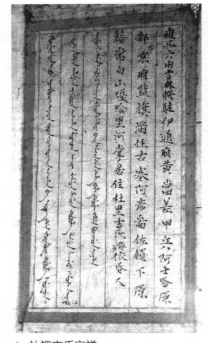

▲ 杜裡吉氏家譜

於東北地區，因此，滿族家譜的保存也以東北地區為主。滿族家譜形制豐富，製作材料、書寫方式多樣。

滿族家譜有著重要的史料價值。家族史研究是重要的史學研究內容，與國史、方志一起，構成中華民族歷史學大廈的三大支柱，是中華民族悠久歷史文化的重要組成部分。而家譜則是家族史的重要史源，對家族史研究具有直接的重要的史料價值。滿族家譜以記載滿族家庭世系、人物和事蹟為中心，其內涵十分豐富，涉及社會、歷史、宗教、語言、倫理、教育、地名等諸多學科，在家族史的研究方面的重要價值不可小視。

滿族家譜是極為珍貴的歷史文化遺產，其中所記載的大量珍貴史料，為我們研究滿族人民的生產、生活、宗教、語言文化等方面提供了不可替代的第一手材料，其史料價值是不言而喻的。具體而言，滿族家譜對於滿族的源流、滿

族人口的遷徙、滿族的民族風俗、滿族家族史、滿族歷史人物、滿族宗法制度等等方面的研究都具有重要的價值。滿族家譜對於滿族族源的考證有重要的史料價值。滿族家譜對於考證滿族人口的遷徙有重要的史料價值。就拿伊通滿族博物館收藏的家譜來說，「齊姓佛滿洲原籍吉林長白山」，瓜爾佳氏家譜「原係長白山七道溝，隨龍到開原鑲白旗雅爾喜佐領下，雍正六年移兵伊通鑲黃旗陳滿洲，巴成額宗譜瓜勒住氏」「杜裡吉氏原籍長白山嘎哈里河掌居住，雍正六年由吉林撥住伊通鑲黃旗，當差甲兵阿士哈，原都京鑲藍旗滿住古塞阿彥圖佐領下」「由大明天啟二年兵發興京，由興京至盛京，由盛京兵發北京順天，由北京順天撥奉吉二省當兵」。這幾個家族的遷徙都與清軍的移防撥兵有關，但有一個共同點，原籍都是長白山。

伊通滿族博物館展示的滿族的家譜各式各樣，有布帛的，有紙的，有彩繪的，有全滿文的，有滿漢文合璧的，有漢文的，形式上有譜單、譜書、譜折、影像、結繩家譜五種。博物館所徵集的家譜之多、種類之全、年代之久，是非常難能可貴的，具有寶貴的民俗學、民族學、社會學、歷史學等方面的價值。

滿族家譜對於考察滿族的民族風俗有重要的史料價值。總之，凡是有滿族人居住的地方就有譜牒存在的可能，滿族譜牒內容是豐富的，價值是巨大的，在祖國文獻寶庫中是一顆璀璨的明珠，應備加珍視。

滿族家譜入譜者僅為男性。女子入譜不占獨立一格，只能在其父母名下（後）書寫名字，適於某家。還有其他一些規定，如滿族對已故的人用黑字書寫其名字，尚生存的人用紅筆書寫。已故的人，因病老而死者用黑筆，為國犧牲的人用紅筆槓上，等等。

依克唐阿將軍家譜

　　依克唐阿將軍（1832年-1899年），字堯山，滿洲鑲黃旗人，族姓扎拉里氏。出生於今伊通滿族自治縣縣城東南馬家屯。依克唐阿在抗擊日、俄侵略，維護國家主權和領土完整的鬥爭中，立下了卓著的功勛，受到朝廷器重，授為頭品頂戴鎮守盛京等處將軍，管理兵刑兩部兼管奉天府尹事務，兵部尚書，都察院右都御使，總督奉天旗民地方糧餉，有「東北三省海外天子」之稱，被譽為「虎將軍」。其先人居內蒙察哈爾，清雍正六年移住伊通。

　　依克唐阿的家族是個富有騎射傳統的英雄之家。到依克唐阿已是本族第七個襲爵人。雍正六年（1728年），正趕上二次撥兵（解決國家的糧食短缺，補充東北邊疆的二線兵力），把在旗的士兵撥到這裡開荒種地，同時在這裡守備。隨著軍隊的調動，依克唐阿的遠祖居住在察哈爾的扎拉里哈拉（家族），移住今吉林伊通縣境。在這個噶珊（屯落）築個馬架定居下來。馬家屯原名馬架屯。有張、關、那、楊四戶人家，同時搬進了這個小山溝裡，每戶搭建起一個小馬架，作為臨時的住處。白天在馬架周圍開荒種地，當時他們就給這個屯起名叫馬架屯，後來人多了，諧音也就叫成了馬家屯。在這個普通的小村子裡，滿洲鑲黃旗的扎拉里氏，那可不是一般的人家，而是為國效力世代忠勇之家。這個家族歷史上七代人中有二十三位披甲，為保衛國家出征打仗，捨身報國。依克唐阿的翁姑瑪發（遠世祖）——邁薩哈就是一位披甲。依克唐阿的八世祖把爾巴圖里爾，鑲黃滿洲，原係蒙古察哈爾貝勒，以來歸授三等副將，今漢文改為三等男。高祖排拉尼及同輩的艾新泰都是披甲。依克唐阿的達瑪發（先祖）——珠山保（扎拉里忠山保）因為戰功，皇上欽授建威將軍。依克唐阿的瑪發（祖父）——張喜（扎拉里占喜），家譜上寫著「原係領催委官，誥授建威將軍」。依克唐阿的阿瑪（父親）——六德（扎拉里成德），也是誥授

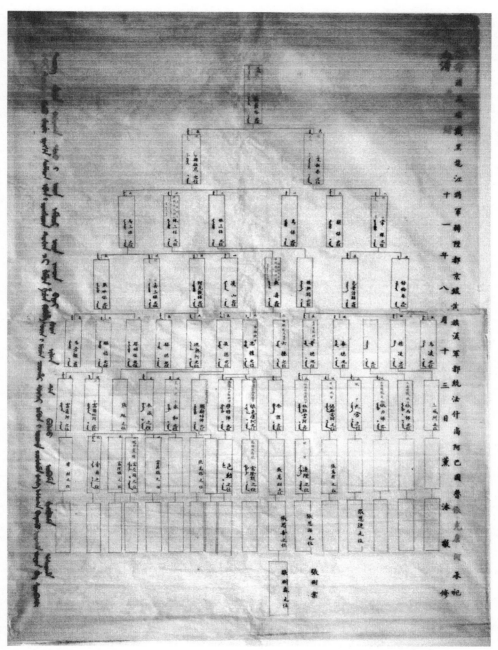

▲ 依將軍家譜

建威將軍。他的大伯父忠德，原係披甲；叔叔奇德為七品頂戴披甲。到了依克唐阿這一輩，他本人是盛京將軍，法什尚阿巴圖魯；他的阿渾（哥哥）——穆特布，為花翎儘先防禦披甲（五品）；他的堂兄弟依勒當阿為花翎五品頂戴披甲；額勒珊布為花翎五品頂戴領催；依力布為五品頂戴前鋒；依西布為五品頂戴披甲；永和為藍翎披甲；富爾松阿、九常、錫爾當阿為披甲。依克唐阿的子侄輩裡，他的兒子富隆額為花翎副都統，侄子富凌額為披甲藍翎；侄子連升為披甲。

在依克唐阿直系的上下七代人中，代代都有人從軍，個個都英勇善戰。在這樣的家風影響下，依克唐阿將軍從小就膽大力壯，善騎射，喜圍獵，具備忠誠勇猛的性格。從軍後在東北邊疆璦琿、墨爾根、呼蘭、琿春、遼東等地帶領著東北邊疆的兵民，英勇地抗擊沙俄和倭寇入侵。出師打仗，則多次攻克許多名城，殲滅敵寇。從一八六九年到一八九九年這三十年間，依克唐阿一直在璦琿、墨爾根、呼蘭、琿春、遼東等邊防前線任職，帶領著東北邊疆的兵民，英勇地抗擊著沙俄和倭寇的入侵。依克唐阿在抗擊日、俄侵略，維護國家主權和領土完整的鬥爭中，立下了卓著的功勳，受到朝廷器重，被授為頭品頂戴鎮守盛京等處將軍。

他在任琿春副都統期間，會同吳大澂勘定中俄邊界，用大量事實戳穿俄方的謊言和偽證，收復一八六一年以後被沙俄侵占的大部分領土，爭取了圖們江的入海權，維護了國家的尊嚴和領土主權。

中日甲午戰爭爆發，依克唐阿主動請纓，親自率壽山、永山等奔赴戰場，主帥依克唐阿與士兵一樣在冰雪中征戰，親冒子彈在一線指揮戰鬥，臨危不懼，身先士卒，勇而有謀，尤其是與聶士成共同扼守摩天嶺之役，是整個甲午戰爭中清軍唯一屢戰屢勝、固守未失的戰役，打得非常漂亮，有效地阻止了日軍企圖打通摩天嶺從東路入侵奉天的妄想，受到朝廷的嘉譽。他帶領的黑龍江鎮邊軍戰場上先後斃賊二千餘名，打得非常英勇壯烈，他在甲午中日戰爭中的偉績是值得肯定和紀念的。

依克唐阿雖然自幼家貧未讀詩文，但從軍後暇時刻苦識文練字，寫得一手好字和好文章，尤其擅長書寫「龍」「虎」二字，被譽為「虎將軍」。

光緒二十一年（1895 年）八月，甲午戰爭結束後，依克唐阿抽空回了一趟故鄉伊通馬家屯，修了家譜。譜單上款漢字寫道：「大清頭品頂戴、黑龍江將軍轉升都京鑲黃旗漢軍都統、法什尚阿巴圖魯依克唐阿承祀，光緒二十一年八月十三日薰沐敬修。」下款為滿文。家譜記載了九代，家譜第六代上有「依克唐阿之位」，上面用紅字注著「花翎頭品頂戴」。

依克唐阿還著手準備修家廟，因為回家時間短，只是選好了場地，備了料，未來得及修成，因為公務繁忙就匆匆返回盛京了。戰後的第二年，他被任命為盛京將軍。依克唐阿在盛京任上盡展才華，濟災民、辦團練、築砲臺、製槍炮、開礦山、修鐵路、印鈔票、設銀行、懲貪官、墾荒曬鹽等等，幹了一番轟轟烈烈的大事，鞠躬盡瘁，最後死在崗位上。

依克唐阿將軍家譜發掘過程　一九八六年，遼寧新賓發掘滿族文物效果顯著的消息傳到伊通，在省、縣領導的重視下，伊通成立了發掘滿族文化遺產辦公室，抽調了一批朝氣蓬勃的年輕人，在政協副主席孫英林的帶領下，踏遍伊通的山山水水，尋找民間傳世滿族文物。

一九八六年盛夏的一天，幾個工作人員騎著自行車，頂著烈日，來到依將軍家鄉馬家屯，尋找依將軍的家譜。依將軍的族姓為扎拉里氏，漢姓張。問遍了張家的老輩人，目標集中到了張鳳和那裡，可張鳳和已經搬走了，搬到頭道高家屯。有了線索，大家興奮異常，沒有返回縣城，直接扛著車子，淌過伊通河，來到高家屯。原來，張鳳和是馬家屯的貧協主席。在「文革」破「四舊」的時候，為了保存這份祖傳的家譜，張鳳和辭去貧協主席的職務，背井離鄉，來到高家屯，把家譜藏在天棚上。保存家譜，是要冒很大風險的。經過工作人員耐心細緻地說服動員，張鳳和終於從棚上拿出精心保管的依將軍家譜。專家們對這份家譜非常重視，充分肯定了家譜的史料價值，認為它填補了清史和東北史研究的空白。

工作人員還聽說張鳳和的本家兄弟張鳳岐手裡存有依將軍的手書真跡一「龍」三「虎」，是依將軍回鄉探親時書寫的。在「文革」期間，張鳳岐曾把這些字畫寄存在好友李子才家。「文革」結束後，張鳳岐拿回了一「龍」一「虎」兩幅字，保存在姑媽張桂榮（依將軍玄孫女）家，另兩幅「虎」字送給了冒風險替他保存的李家。發掘文物辦的劉永成、馬學忠等幾個同志及省歷史博物館的喬釗同志一起去伊通二鹿場職工家屬院張桂榮家，徵集依將軍的「龍」「虎」字。過後，省博物館經反覆動員，買走了「龍」「虎」字。這可急壞了發掘文物辦的同志，經過多次努力，他們才把依將軍的另外兩幅「虎」字從李子才那裡借來。這兩幅「虎」字，一幅是用墨寫的，一幅是用硃砂寫的，字體流利遒勁，篇幅很大，是把紙鋪在炕席上寫的，字上有清晰的炕席花紋的印跡。

▌關氏族譜

　　族大支繁的瓜爾佳氏　　瓜爾佳氏是滿族中歷史悠久、人口眾多、地位重要的一個宗族。早在一千多年前，遼金時期的瓜爾佳氏就生活在松花江下游，後因政治經濟上的變動，幾經遷徙，到清初幾乎遍及全國。瓜爾佳氏對滿族的形成、清朝的建立和維護多民族國家的統一，都起到了相應作用。因此，在保存下來的滿族譜書中，瓜爾佳氏的最多，其內容豐富，世系清楚，保存了許多歷史資料。

　　瓜爾佳氏的由來　　滿族是在天聰九年（1635 年）才定名的，他們的先人在不同的歷史時期，有著不同的名稱。商周稱肅慎、漢朝稱挹婁、南北朝稱勿吉、隋唐稱靺鞨、遼宋元明稱女真。

　　遼金元時期，都有一部分女真人進入中原地區，這些女真人在長期與漢族共同生活中，逐漸融合於漢族之中。留居在白山黑水之間的女真人，是明代女真人的直系祖先。瓜爾佳氏就是金代女真人的後代，曾經生活在松花江中下游一帶。

▲ 關氏家譜

▲ 關氏家譜局部

▲ 關姓宗譜

瓜爾佳氏最初生活在黑龍江及松花江中下游一帶，有人認為牡丹江唐代稱忽汗河，金代稱瑚爾喀、胡裡改，清初稱虎爾哈。古裡甲與上述名稱同音，古裡甲即瓜爾佳，瓜爾佳是由牡丹江古名而來。牡丹江流經金代胡裡改路，在今黑龍江省依蘭縣匯入松花江，因此瓜爾佳氏原在松花江及牡丹江中下游。還有人認為女真語「忽裡」即「閣」，滿語「koron」即「館」，「hoton」即「城」。這裡有瓜爾之音，因此「瓜爾」（kon）有「館」「閣」「城」之意。瓜爾佳可以理解為「城之家」或「住房之家」，瓜爾佳氏是以館、城為標誌的一族，後人稱呼為瓜爾佳氏。從史實上來看，瓜爾佳氏所居之地，原是遼代五國部轄地，金代改稱胡裡改路（即松花江下游及黑龍江中下游地區）。從遼代開始至明代，這裡就有女真人在城郭裡生活。明代位居黑龍江流域的名城弗提斤城，即今黑龍江省富錦縣，赫哲語「富錦」是屯子，也有城郭之意。因為瓜爾佳氏與虎爾哈河（牡丹江）以及忽汗河、胡裡改路等古地名聯繫在一起，足見他們是這裡的古老氏族。後隨著女真人的遷徙，瓜爾佳氏分居各地，其中遷居長白山東北一帶的吾良哈瓜爾佳、闊兒看兀狄哈瓜爾佳，也都是以原在黑龍江流域居住時的地名，冠在瓜爾佳氏之前。吾良哈即「吾蘭」，據《明實錄》記載：吾蘭在黑龍江與松花江合流處以西不遠，因此說吾良哈瓜爾佳氏原居吾蘭處，即吾良哈地。這裡的瓜爾佳氏後來遷到圖們江以北，仍自稱吾良哈瓜爾佳，留居原地的仍稱吾蘭兒處女真人。闊兒看兀狄哈瓜爾佳中「兀狄哈」，一般認為是「森林之民」，闊兒看與虎爾哈河、活羅海川（金代牡丹江的名稱）同音。因而說明闊兒看兀狄哈仍用原居地名稱冠在瓜爾佳氏之前，以示不忘故鄉之意。綜上所述，可以認為瓜爾佳氏原居松花江下游和松花江與黑龍江匯合處是符合歷史的。

　　伊通的瓜爾佳氏，原居長白山七道溝，康熙四年隨龍到開原鑲白旗雅爾喜佐領下，雍正六年移兵伊通。巴成額宗譜屬於滿洲鑲黃旗。這個族譜是宣統二年十一月修的。譜上記載十代人。上六代都是特徵明顯的滿族名，如第一代叫巴成額，第二代烏巴和、舒勒庫，第三代烏達泰、烏達那、烏達哩、六十八、

五十六，第六代巴彥太、五七、五六、德精阿等。

　　近年，這個家族正在進行新一輪的家譜續修活動，已經聯繫到黑龍江省寧安、牡丹江、海林、依蘭等地與吉林省吉林、伊通等地的若干族親，得到了大家的熱情響應。為能找到更多的海都一族當代後裔，滿足大家認祖歸宗進入家譜願望，圓滿完成數十年來首度啟動的家譜續修，他們正在進行廣泛聯絡。

鄭氏族譜

　　鄭姓是中華大姓之一，歷史悠久，分布很廣。鄭氏文化具有豐富多彩、健康向上、慎終追遠、不忘祖德、團結互助、見賢思齊、熱愛祖國及思念故土的精神內涵。全球鄭氏族人把滎陽作為鄭氏發祥地，先後成立了鄭氏文化研究機構和鄭氏宗親組織。

　　鄭姓源流　鄭姓，在當今的中國一百大姓中列第二十三位，全國大約一千萬左右，占總人口的百分之〇點七八，在臺灣為第十二大姓，與黃姓共有「黃鄭排滿街」之說。

　　鄭氏源出姬姓，與黃帝同姓。鄭氏的血緣始祖后稷，是黃帝的第五世孫，其母有邰氏名姜嫄，是炎帝的後裔，因此，后稷是炎黃二帝血統的總合，所以，鄭氏乃是炎黃的後裔，這已經成為鄭氏子孫的共識。后稷的最大功績是發展農業，為中國奠定以農立國的經濟基礎，史稱「農神」。后稷的第十五世孫是周文王姬昌，第十六世孫周武王姬發，二十五世孫周宣王姬靜。周宣王於西元前八〇六年封其同父異母兄弟姬友於木或林（陝西省華縣東），後遷移到拾（木或林附近），建立鄭國，史稱鄭桓公，並且讓他在朝中任司徒。姬友是黃帝的二十九世孫，即鄭氏的鄭姓始祖，從此，以國為姓的鄭氏至今已有二千八百多年的歷史。陝西省華縣就成為鄭姓的祖地。

　　歷史上鄭國的鄭桓公、鄭武公、鄭莊公、鄭子產是有作為的政治家，對歷史的發展做出了貢獻。

　　鄭姓的主要來源是鄭國滅亡後，鄭國人以國為氏。然而作為中國歷史上的大姓，歷千餘年，其來源恰如長江黃河，分支源頭多元化。如唐代由魚姓而來的鄭注；明朝馬姓而來的航海家鄭和；還有鞠姓、鄒姓、段姓改姓而來的鄭姓。

　　分散各地的鄭氏後裔，在魏晉時期，成為顯赫巨族。宋元明清時期鄭氏向

南發展。南方的鄭氏以鄭泰世系為主，名人輩出，長久不衰。據粗略統計，此時名列史冊的鄭氏歷史名人：宋朝有八十七人，元朝有二十人，明朝有一百二十人，清朝有五十七人，共計二百八十四人。其中最著名的有南宋史學家鄭樵，有被明太祖譽為「江南第一家」的鄭綺，有雲南鄭和因為「七下西洋」而名垂青史，有收復臺灣的民族英雄鄭成功，有清代著名畫家鄭板橋等。

尋根聯誼　鄭文化是炎黃文化的子系文化，也是博大精深中華文化的重要組成部分。發祥地與海外鄭氏族人交往也日益密切，海外鄭氏不斷來滎陽尋根祭祖。

海外宗親組織成立比較早。一九七四年四月二十九日，世界鄭氏宗親總會在臺北正式成立。一九八〇年一月十一日，鄭氏宗親懇親大會暨第二屆會員大會在菲律賓馬尼拉市舉行，出席大會的代表共三百九十人，選出理事長、副理事長、理事，均為經濟、文化、教育、藝術領域的名流。有十五個國家和地區的鄭氏宗親一百二十人分別擔任「世界鄭氏宗親總會」的理事、監事與顧問。

▲ 二〇〇九年五月十六日全球鄭氏共祭太始祖，華縣祭祖現場

另外，自上世紀六十年代，臺灣還相繼成立了十八個鄭氏宗親組織，理事和監事有四百六十人。

現代一千萬鄭氏族人都認滎陽為發祥地。當今滎陽市人民政府成立「滎陽市人民政府世界鄭氏聯誼中心」並吸收民間資金投資三千餘萬元建「鄭氏三公紫銅像」和「成功廣場」，投資二千餘萬元建「鄭氏文博院」（即鄭廟）、「京襄城生態園」等文化景區。由鄭朝增籌資興建「滎陽鄭氏名人苑」，鄭自修立足滎陽，編纂集古今中外鄭文化精華，八大部、十二大冊、二千餘萬字的《鄭氏族系大典》，這些項目，都顯示了滎陽在世界鄭氏族人心目中的重要地位，同時也顯示了世界鄭氏先祖在滎陽的重要地位。二〇一三年十二月，隆重舉辦了「河南省鄭文化研究院揭牌儀式」和「滎陽鄭氏名人苑三公祖殿聖像揭彩暨世界鄭氏祭拜大典」。

世界鄭氏宗親總會發起，在臺北市林區外雙溪「故宮」博物館對面的山坡

▲ 滎陽首屆鄭氏文化節隆重舉行，三公像新落成，巍然屹立。

▲ 二〇一二年十二月一日，出席紀念鄭成功收復臺灣三百五十周年的代表在名人苑鄭成功紀念館共祭民族英雄鄭成功

上，修建了雄偉的滎陽鄭氏大宗祠暨鄭成功廟。泰國鄭氏宗親會是海外鄭氏宗親組織中最有影響、最有實力的組織之一。發起人是祖籍廣東潮州的泰國京華銀行董事長鄭午樓博士。泰國鄭氏宗親會的宗旨是：發揚祖德，為國效忠，為民解困，遵紀守法，共謀祖國與居留國的安寧與發展；倡辦社會公益事業，獎勵優秀學子，鼓勵青年上進。總會下設一百五十三個分支單位。泰國鄭氏宗親會建立了具有中華民族建築風格的「泰國鄭氏大宗祠」和「滎陽堂」。新加坡滎陽堂鄭氏公會，已經聯繫宗親二千多人，每年都要在鄭成功生日那天舉辦祭奠聯誼會，並設立了優秀子女獎學金和貧苦老人度歲金。此外，成立比較早的鄭氏宗親組織還有：美國滎陽鄭氏宗親會、菲律賓滎陽鄭氏宗親會、中國香港鄭氏宗親會、加拿大溫哥華鄭氏滎陽總堂以及馬來西亞、印度尼西亞、越南、韓國、日本和中國澳門等國家和地區的鄭氏宗親組織。泰國、菲律賓、馬來西亞、美國、加拿大、中國香港等國家和地區的鄭氏宗親組織每年都要輪流舉行一次世界性的懇親大會。這些宗親組織都非常嚮往祖地滎陽，思鄉情結反映了

「滎陽鄭氏遍天下，天下鄭氏思滎陽」的心聲。

與海外鄭氏嚮往祖地的心聲相適應，近幾十年來，內地的鄭氏宗親也成立很多宗親組織，主要有：山東省棗莊市嶧陽鄭氏聯誼會、福建永泰縣鄭氏研究會、福建省長樂市海內外鄉親聯誼會、浙江省浙南地區鄭氏宗史研究會、浙江省臺州鄭氏宗親會、福建省福鼎鄭氏宗史研究會、福建省石獅市永寧西厝鄭氏宗親會、福建省晉江鄭氏宗親聯誼會、廣東惠潮鄭氏宗親聯誼會、粵西地區廉江鄭氏宗親理事會、廣東省汕頭鄭氏宗親聯誼會、廣東省潮陽鄭氏宗親總會、滎陽鄭氏雷州市宗親聯誼會、貴州省鄭氏宗親總會、福建省德化縣鄭氏宗親會、福建省漳浦鄭氏宗親理事會、廣東深圳市福田區下梅林村、江蘇省漣水縣鄭氏宗親會、福建省長汀縣鄭氏宗親會、廣西柳州市鄭氏經濟發展促進會。

伊通大營城子鄭氏家族　大營城子古城位於大孤山東二千米處。城北二百米為伊公公路，城南半公里有一條小溪自東向西流過，匯入孤山河（此河明代稱為昂邦雅哈河）。此城周長為一三八〇米，北牆遺跡比較明顯。

大營城子，屯名，是因屯東有一個古城而得名。這座城始建於遼金時期，

▲ 大營城子鄭氏家譜

金代的伊通屬於東京咸平路，當時，伊通在政治、經濟、文化上進入了一個空前繁榮的時代。史料記載，金大定十七年（1177 年），有一千六百戶女真人從長白山下移居伊通，他們是長白山錫馨、珊沁河女真，遼時皆為獵戶。移居伊通後，號伊勒敦部，伊通河沿岸人煙日盛。到了海陵王完顏亮當政時，為了遷都的需要，在上京和燕京之間，又修了一條驛路複線，在這條複線沿途，有很多古城遺址。僅在伊通，從東到西就有城合店古城、前城子古城、前大屯古城、宋家窪子古城、大營城子古城、城子村古城等。可以想像得到，為了遷都，居住在伊通的女真人不分日夜、頂風冒雨地築城建屋，辛苦異常。

大營城子鄭氏家族是康熙年間到這裡定居的。

鄭氏家族有修譜的傳統。大營城子鄭氏修譜有幾百年歷史。以前，家譜一直是以譜單形式，放在祖匣裡供奉。後來，在伊通縣文教局工作的鄭鐵民修成譜書，一汽的高工鄭武臣又經補充修訂加以完善。中國航空工業瀋陽發動機設計研究所研究員鄭秀民，又修成三十八米長的長卷，並請原中共中央政治局常委李長春同志題字：「弘揚鄭文化，振興我中華。」這樣，鄭氏族譜在傳承的基礎上不斷昇華，在繼承文化遺產方面為社會做出了表率，產生了良好的社會影響。

鄭氏家族世系圖譜是一個家族世世代代的統屬關係，其中，主要記載故去的祖先和前輩，不記在世家庭成員。如今，圖譜具有新的內涵：去世在世，男人女人，統屬記載一譜之中。如若祭祀，就從中抄錄一份祖先名單，供奉在祖先堂內。晨昏三叩首，早晚一爐香。臘月三十上午上供，正月初六上午撤供。燃放鞭炮，烘托年節祭祀氣氛，其目的是：

萬物有根水有源，莫忘祖先恩澤寬。

鄭氏家譜續千古，子孝孫賢代代傳。

祖訓家規：天下無二鄭，凡是鄭姓皆一家。家族不分遠近，互不通婚。但有結婚拜祖儀式，祖傳婚禮不可廢。

臘月二十三，鄭氏家族有掃塵、祭灶、蒸豆包之習俗。將豆包蒸熟凍好之

後，裝在大籮筐裡，待春節過後食用，這種習俗意在：企盼來年又是一個豐收年，象徵著生活蒸蒸日上。

伊通鄭氏家族乃古時「青牛鄭」後裔，係朐山（朐山，濰坊臨朐朐山）「青牛鄭」後裔，祖籍雲南省貴州府高橋鎮。相傳，這支鄭氏乃是古代戰國末期「青牛鄭」、韓秦著名水工鄭國的後人，迄今已有二千三百年的歷史。明萬曆年間，始祖鄭璁由山東遷居山海關外中前所、中後所（今綏中）務農維持生計。崇禎年間病故，葬於葉家鎮葉家墳南側。二世祖兄弟五人，其中，老四鄭時顯之長子鄭芝彥（三世祖）在明總兵吳三桂部下當差。清軍入關後，隨同平西王吳三桂進駐雲南，並定居在雲南省貴州府高橋鎮。康熙年間病故，葬於當時的雲南省城以東。

康熙平定三藩後，四世祖鄭璽、鄭璉、鄭管兄弟三人從雲南被發配到吉林省伊通縣大孤山鎮山西村定居，並於乾隆年間加入漢軍鑲黃旗，勤耕懇讀，繁衍生息，延續到如今已有十六代了。

三世祖鄭芝彥傳至八世祖時，叔伯兄弟三十人，如今查明其中十人的後裔，其他二十人，以及二世祖兄弟四人和三世祖叔伯兄弟八人的後裔，下落不明，沒有記載，據推測，大部分散居在東北及華北各地。

鄭家歷代都在驛站當差，到鄭俊時，已歷十代，是清末大孤山驛站最後一個站官（即驛丞。明清之制，各州縣設有驛站之地，均設驛丞，掌管驛站中儀仗、車馬、迎送之事，品級為未入流），到驛站裁撤時才卸任歸家。站丁在驛站承擔接送公文差事。當時，從雲南來到東北的有吳、李、張、王、劉、宋、佟、高等十六族，共八百多戶，分布在邊臺、驛站當差或充當官莊的佃戶，捕牲羅雉。他們雖實屬漢軍旗人，但不准考試陞官，站丁的後裔官至驛丞而止。

青牛鄭的傳說　青牛鄭是華夏鄭氏家族中的一個支脈，祖傳至今大約有二千三百多年的歷史。

春秋戰國時期，當時任韓國水利專家的鄭姓二十一世祖鄭國進封為「滎陽伯」（西元前 365 年），西元前三百六十年封為「朐山侯」，來山東邸居青州

府，定居諸城落戶，以農牧為生。家中養牛一百頭，每天無論是將牛出售、殺掉、丟失或者送給別人等，次日將牛圈打開一數，總是保持一百頭，先人心中暗自歡喜，於是將牛陸續出售，家中的收入與日俱增，生活蒸蒸日上，真是家宅興盛，人財兩旺。事情很快傳遍四方，百姓震驚不解，實屬罕見，鄭氏家族從此名揚天下。

一日，鄭家來了一位化緣的瘸道士，此人便是當時著名軍事家、齊國的孫臏（仙人鬼穀子之徒）。於是，鄭家祖先請他給看風水寶地（墳墓地），孫臏便問：「你們都有些什麼要求？」鄭家祖先便道：「不為名來不為利，不窮不富萬萬年。」於是孫臏經過詳細的勘查，選好了一塊風水寶地，此處乃是一塊山清水秀的向陽地，幽深明媚，紫氣繚繞；北側依山，松柏蒼翠，南臨溪水，涓涓汩漾；東西兩翼，楊柳扶風，芳草萋萋，時聞喜鵲嘰喳；由此前走十八步則有官有財，向後退十八步，則人丁興旺。祖先畢恭畢敬地答到：「那就選擇後退十八步吧，人旺就好，俺們不想當官，生活平安就好，也不想發財！」孫臏說：「那好，當你們的老人去世時可將安葬的棺木大頭朝下埋著，後人就能如願了。」先人的「不為名來不為利，不窮不富萬萬年」這句話，後來變成了青牛鄭家族的家訓。

孫臏為鄭家看完風水地之後，鄭家除了滿腔熱情地招待外，還要贈送一些銀兩表示酬謝，可孫臏一再表示謝絕，並表示只要鄭家一頭牛，鄭家滿口答應。於是孫臏選好一頭青牛，實際這是一頭神牛。此牛與眾牛大不相同，黑色，骨瘦如柴，但是腿高身長，下頦長著一撮白色的長毛，每個蹄甲的後方也長著一撮白色的長毛。當孫臏牽走青牛時，青牛怎麼也不走，實在沒辦法，孫臏只好在前邊牽著，祖先在後邊甩鞭子趕。不小心牛往後一退，正好踩到了祖先的腳上，小拇腳趾甲被踩壞了，從此之後，祖先的後人小拇腳趾甲都長得很不完整，很小的軟質指甲。孫臏得到神牛之後，在同敵國龐涓的作戰和鬥智中，百戰百勝，屢立戰功，桂陵八門破魏援趙，馬陵誘灶殺龐救韓。從此，齊國日趨強大，很快稱雄七國。

齊宣王擺宴慶功，加封孫臏為大邑。由於青牛作戰有功，鄭家祖先也上殿受到皇封。齊宣王問鄭家祖先有什麼要求，祖先答到：「斗大的官我一個不要，芝麻大的官我要一斗。」（係後來的七品官，相當於現在的縣團級。）

孫臏後來傳信給鄭家，說那條青牛飛上天了，喝天河水，成為仙牛。也有人說，那條神牛是道家始祖老子的坐騎，下界後又回天宮了。

從此，鄭家的祖先去世時，先人便按著孫臏指示的風水地與葬法安葬祖先。

為了紀念這條神牛，鄭家用上好的大理石，雕刻一條和神牛一樣的石牛、一眼石井、一個石桌立放在祖先的墳地之前。說也奇怪，外姓的孩童上去騎這石牛時卻怎麼也下不來，必須由孩童的家長到石牛前燒香禱告，賠禮道歉，方能下來，可鄭家大人小孩騎這石牛時卻上下自如，於是，人們便都稱鄭家為「青牛鄭」。

也有人傳說，由於青牛作戰有功，孫臏上奏齊王，齊王便賜先人鄭氏為青牛鄭。從而，朐山（山東臨朐縣）這支鄭氏便成了青牛鄭的源頭。著名水利專家「朐山侯」鄭國便是青牛鄭的始祖。

由於傳世久遠，不免歷代分支散居山東省各地，如諸城鄭氏，鄆城鄭氏，

▲ 鄭氏族徽

武城鄭氏，陵縣鄭氏，黃縣鄭氏，東原鄭氏，高密鄭氏等。

　　這個青牛鄭的故事，由古傳今，凡是不相識的鄭氏家族成員相見時，一提及「不為名來不為利，不窮不富萬萬年」時，便都異口同聲地稱為青牛鄭一家子。

　　華夏鄭氏均為家族，即「天下無二鄭」，家族不分遠近，互不通婚，這是一條史訓，違者不得入族譜。

　　鄭家族人，忠厚老實，遵紀守法，敬老愛幼，勤勞儉樸，重文善武，報效國家。

　　鄭板橋就是一個突出的代表，七品芝麻官，清正廉潔，「衙齋臥聽蕭蕭竹，疑是民間疾苦聲」成為鄭氏所有為官者的座右銘。

　　大營城子滿族文化遺產豐富，有許多滿族民俗仍然保留，伊通滿族博物館保存有此屯的鄭氏家譜、鄭文炳的書法、扇車子、石磨等滿族傳世文物。

　　鄭氏一族世世代代名人學子不乏其人，或從政，或做工，或行醫，或任教，或參軍，可謂書香門第，世代名家。鄭姓人心地善良，從政為民，做工敬業，行醫者救死扶傷，為師者桃李滿園，參軍者忠於人民報效祖國。各行各業，各司其職，為民和善與人，為官清廉從政，不論職位高低，只求平等待人。青牛鄭獨鍾「斗大官兒我不要，芝麻小官兒要一斗」，所以，他們的後裔子孫為官者頗多，官居高位者甚少。

郭氏宗譜

順治九年，郭氏宗族由浙（浙江杭州府仁和縣朱家橋）來東北，鎮守邊臺，到二十家子定居以來前後修譜四次。

其譜本規範，支脈清晰。寫法體例考究。譜本從一八五二年開始記載，凡七代幾十人，續修傳承不輟，譜內記載族人共計八十六支，近二千人。自清代咸豐年間開始，其家族人丁興旺，人才輩出，僅清代就先後有舉人、秀才十幾人。譜內諸序，文采飛揚，足以見其文化底蘊之深厚和家族文明之傳承不衰。譜中族規家訓，代代相傳。十一世景瑛，於「文革」十年間將一九三六年譜本，縫於棉襖後背夾層，背了十年，於一九七七年春得以重見天日。十二世毓海、毓友，十三世廷昌，整理出一九九〇譜本並電腦打印，其耗費的人力財力物力，所經歷的困難是難以想像的。可以說，郭氏宗譜的編輯、整理、修補，歷經了幾代人辛勤勞作，凝聚了很多族人的心血和智慧。其譜本年代久遠，脈絡清晰，均可謂上乘之作。經過對族譜文化做過大量考查研究，郭氏宗譜堪稱東北地區所鮮見。

郭氏宗譜在探源部分寫到「郭出於虢氏聲轉」的姓氏起源。姓，女生也，古代姓氏都有女字旁。秦朝始皇時期進入封建社會，以領地為姓氏，一般都帶耳刀，如鄭，耳刀繁體為邑。

發展到漢、唐、宋代，大都以皇帝賜姓居多，如劉、李、趙等，很多少數民族沒有姓氏。

古代姓氏的產生，有一種方式是以居住地為姓氏，如城、郭、園、池之類。郭，意為外城，即在城的外圍加築的一道城牆。住在外城的人以居處為姓氏，大概就是中國最早的郭姓。那麼，郭姓始於何時呢？清人張謝《姓氏尋源》說：（括地圖）云：夏禹御郭哀。（抱朴於）云：禹乘二龍，郭支為御。

▲ 在十三世新婚典禮上十一世向十三世傳承家譜

《三字經》云：商有郭崇。《白虎通》云：武王師郭叔說。一說其子號郭叔。此郭姓之始。二曰郭姓出自古虢國。《公羊傳》云：虢謂之郭，聲之轉也。郭姓是當今中國第十八大姓，擁有人口占全國總人口數百分之一以上。

春秋時期，郭氏除留居於今河南、山西、陝西省者外，已撥遷於山東、河北。秦漢時期，部分遷居江南。太原一直是郭氏的發展繁衍中心，曾派生出馮翊（音譯）、穎川、華陰、昌樂等郭氏支脈。隋唐期間，河南郭氏曾兩次向福建遷徙。唐代中葉，郭子儀平定安史之亂，中興唐室功居第一，被封為汾陽王。此後，郭氏便以「汾陽」為堂號，而且南方的郭氏大都以郭子儀為始祖。

九世以前族譜為第一冊，用簡潔的形式，做支系總綱標示編在正文之前，統納一屆完整譜本之中。先祖壬子譜兼收歐陽、三蘇兩家譜法之長，合我郭氏宗譜之意。以譜圖為綱，以世代內容為正文，做我關外郭氏譜籍綱目完整之首冊。第二冊《1990 譜》，更加明確具體體現出我華夏文化先賢譜法之長，可資

後人傚法之樣本。擇其兩序，說明修譜之意：

九世孫郭星五（舉人）七十六歲時重修宗譜並作序。序中說：「家有族，族有譜，有世襲圖，有宗祠，有祭田，有族規，必如是。尊祖敬宗收族之義方為美。備我郭氏先世，浙籍也。居杭州市仁和縣朱家橋，代遠年淹世無可考。清順治九年，郭公仁始由浙遷居於關外尚陽堡地方。康熙七年復遷至奉天承德縣，即今瀋陽縣也。清初，奉吉二省設立四邊門二十八臺三十六驛，仿漢代撥民實邊之意，多遷內地及山東之民以實邊防。仁公之子開先，亦於康熙二十一年，同遷至赫爾蘇門二十家子臺充臺差焉。嗣後，戶口漸繁。中葉以來，由商業起家，而讀書之士以復輩出，於咸豐二年，我族祖鳳騫、堂伯珪、族叔鑾同修宗譜，浙之世代未能詳，奉始遷祖郭公仁為始祖。唯長次枝列為東西門，義列不甚顯明，後人不明其例，易於失考。新譜仍尊郭公仁為始祖，但以世計，始祖為第一世，由一世至百世，世世相承，系統不能紊也。至四世郭相一戶，隸入鳥搶營正藍旗，郭氏支派遂分為二。然支派雖析而昭穆之序不能混，新譜以世計，以支序，綱舉目張，百世可知。唯一世至八世有以一字為名，二字為名者，不可為後世法。茲自九世起，編為二十四字，由永字起，宗字止，以下則續編之。計自第一世至今為世，十有四為戶，約有百五十，居二十家子者約八十戶，餘則遷徙他處。我郭氏宗支，不為不繁，而無宗祠，無祭田，無族規揆之，尊祖敬宗收族之義殊覺闕。如茲新譜於康德二年經始調查，年終竣事，三年編修告成，爰付剞劂。庶幾，我郭氏後人，飲水思源，為仁有本，繩其祖武，貽厥孫謀，世世守之無替也。是為序。

「郭氏世系梗概，前序已略詳。憶昔宦浙十有一年。浙，故鄉也。覽湖山之勝蹟，桑梓敬恭之意油然而生矣。民國九年任金華縣長，時公暇必出鄉與百姓相見，以通上下之情。其南鄉有郭村，村外有汾陽王廟，進而參拜遺像，清高令人起敬，想見當年之勳名。郭村之郭是否為汾陽王后裔，信史無徵，不敢臆斷。出廟後特詣郭村村之人以縣長為郭，其父老子弟群來瞻就，遂召集年長者數人，命之坐。詢以村何以名郭。曰：『百戶皆郭姓，無一異姓雜居。』居

▲ 郭氏家訓

此幾何年？曰：『近百年。』自何地遷來？曰：『杭州仁和縣朱家橋。』予悚然異之。知為同宗也。問：『有宗祠乎？』曰：『有之。』有祭田乎？曰：『有之。』有族規乎？曰：『六條』懸於祠前照壁：一，春秋二祭，族人咸到祠前行禮，不到者罰；二，族人皆須守正業，無業者罰；三，族人無嗜賭，嗜賭者罰；四，族人勿為匪，為匪者告於祠，除籍；五，族人有貧不能舉火者，合議賙（恤）之；六，祠內有義學，族人有貧不能讀書者，得入此校。落落數條，詞嚴義正，嗚呼十室之邑必有忠信，百步之內必有芳草。郭村雖僻小，對於尊祖敬重收族之義美矣備矣。予以倉猝啟行，未暇請其宗譜而觀之，為憾事也。茲新譜告成，謹掬述。任金華時，洎郭村之往蹟，為我族人正告之，願我族人以郭村宗姓為法，將來修宗祠，設祭田，立族規，皆在在應舉之事。詩有之，不衍不忘，率由舊章；書有之，有典有則，貽厥子孫。是即重修宗譜之微意也。」

郭氏第十三世孫廷昌對《1990 譜》的編修原則、寫法和範例做過詳細研

究，並制定了修譜標準，為以後續譜制定可資遵循的規則。

一九三六年（丙子）前修譜以來，由於戰事頻仍，政權更迭，交通發展，職業演化，戶族居址，變遷很大。昔之居鄉者七，外遷者三，今之外遷者七，居鄉者三。政治、經濟、生產、文化和社會的發展，不僅影響著族人生產活動，也決定著人們思想意識，影響著修譜的觀點、方法甚至譜本內容。考慮到現實情況與未來趨向，訂立如下幾項原則，以便譜本修輯與將來查索。

譜本內容與編寫原則　新譜內容範圍與舊譜之續接。舊譜一至八世所載內容，年代久遠已無法查對增補。故新修以九世為承啟，八世以前內容不動。

新譜寫法與過去有明顯不同。新譜中男女同等並列。

譜內以九世為單元，獨立成章，按宗支排列順序，綱目清晰，有利查索。

新譜內容及格式　序言部分；一至九世世系圖；世代譜系正文。以九世八十六支為單元，各編一支；跋：包括編後語與紀年換算表。

譜號　由始遷祖起，各世每人標一個數字。此數字按本人在同胞弟兄中的排行序數編入：長為1，次為2，三為3……即始遷祖第一世郭仁為1，第二世開先（居長）為11，第三世正新（居次）為112……。

序號、簡號　一九九〇年譜以九世為單元，編修八十六支，用漢字一、二、三、四至八六記載，稱為序號，作為引索。序號之後用阿拉伯數字做譜號，如九世第二四支十三世廷昌二四 1111，意與原譜號 1122211111111 相同。二四是前九世 112221111 的簡化，故稱之為簡化譜號或簡譜。

1122211111111 廷昌謹志

1990.9 於北京海淀。

續修宗譜人及所任事務：

十一世　景宣（一六、11）調查、輯錄、內容核對。

十二世　毓厚（五〇、341）尋訪、聯繫、調查。

十三世　廷昌（二四、1111）調查、編修、謄錄。

十二世　毓海　電子本打印

▲ 郭星五七十六歲時手書「郭氏重修宗譜序」

　　十二世 毓友　校對、整理序言並句逗。

　　郭氏宗譜已經列為市級非物質文化遺產名錄。從郭氏宗譜中我們至少可讀到如下信息：族譜作為一種中華民俗文化，首先要傳遞一種家族的文明與文化，它可以用千百年的文明與文化約束族人，去遵守族人約定的道德準則和做人原則，它體現千百年來族人認可的中華民族優秀的文化傳統，如仁、義、禮、智、信；它是一種在族人中無可替代的精神紐帶和凝聚力量，激發族人和諧向上、互助友愛的親情，增強族人自信、自尊、自強、自立的決心和信心。它字裡行間教人們讀書、做人、做事、做學問的道理；它是一部族人的發展史，也是一本家史，它記載一個家族政治、經濟、文化發展的各個歷史時期的興衰過程。比如，每一個序言，都是對前一個家族歷史階段的概括和總結，都是文化精髓的折射和凝結；它代表一個家族厚重的文化底蘊積澱，可以喚起族人對家庭、對家族乃至對國家、民族的熱愛、擔當和責任。它的感染力、凝聚力可以喚起多少族人為之躬耕不輟、綿延不斷地續寫，使這種家族文明得以薪火傳遞；它是自有族譜以來社會人口發展狀況的一個詳實的記錄，也是一個地域一個家族一個家庭受教育程度、受教育層次、受教育人口的晴雨表。該族譜的發現，得到國家和民俗專家的肯定和認可。

伊通民間遊藝

　　滿族人重騎射，重視體育鍛鍊，特別是在嚴寒條件下的適應性鍛鍊，有利於鍛鍊少年兒童的體質，開發少年兒童的智力，培養樂觀向上的精神狀態，培養健康豐富的生活情趣。

　　滿族兒童遊戲源自於遠古的森林文化、漁獵文化、軍事生活和農業生產。

　　在體育場，在學校、幼兒園，在村屯的街院，經常可以看到孩子做遊戲。滿族民間體育和遊戲活動有幾十種，主要有抓「嘎拉哈」、打箭桿穿、打嘎、踢毽子、跳繩、滑冰車、放風箏等。

　　冰雪活動有抽冰猴、打出溜滑、滑冰車、支爬犁、打雪仗、堆雪人等。

　　技巧活動除玩嘎拉哈外，還有踢毽子、跳繩、跳房子（跳格）、抖嗡子（抖空竹）、滾鐵環、打鞦韆、壓悠（蹺蹺板）、撞拐、翻花手巾、推手、打手背、打拳頭、抓石子等。

　　投擲活動有打箭桿穿、打嘎、扔坑、刻軋、踢槓、扇鞋底、扔城、撇鏢等。

　　游泳運動有打狗刨、打漂洋、踩水、側泳、甩水、燕浮、扎猛子、打水仗等。

　　角力運動有摔跤、支黃瓜架、撅大頭、拉勾、扳腕子、撅鋤槓等。

　　棋類活動有下五道、下大邊、下連、憋死牛、老牛趕山、獸棋等。

　　智力遊戲有九連環、仙人摘桃、種葫蘆、種瓜等。

　　放風箏活動有放木、製竹箏、放秫秸、倭瓜燈等。

　　舉重運動有舉石鎖、舉石擔、舉石猴、舉石磨、舉車輪等。

　　兒童遊戲有丟手巾、老鵰子抓小雞、拉勾兒、拉鋸、賣鎖、清官打板（抓小偷）、彈琉琉、扎關刀、老貓抓耗子、咬狗、打鬍子（土匪）、對背、瞎子抓瘸子、擠香悠、藏貓貓（捉迷藏）、彈杏核、騎馬戰、搶山（占山為王）、

打彈弓、射柳條等。

　　珍珠球比賽　　居住在古伊屯河和雅哈河的滿族先民們，在採珍珠的生產和生活實踐中，創造了「採珍珠」遊戲。他們用牛毛滾成「繡球」，把「繡球」比作大顆珍珠，投入編簍中，視為採到珍珠。後來又想像出蛤蚌能展開巨殼保護珍珠不被採走，就用「蚌殼」阻撓「繡球」入編簍，於是，創造出攻守兼備的滿族傳統體育活動——採珍珠。

▲　珍珠球比賽

　　一九八八年，這種體育活動經中央民族學院體育教研室徐玉良老師提煉整理，將原始的採珍珠遊戲作一番改革後，使比賽的場地、器材、規則逐漸規範化，這項運動逐漸開展起來。現行的場地長三十米，寬十五米，中線兩側劃三條線，依次分為水區、限制區、封鎖區和得分區。比賽是在兩個隊之間進行，每隊為六人，其中，有一位隊員站在得分區，手持一個直徑三十釐米、長四十釐米的網兜充當「漁網」，用網兜接住本隊隊員投來的球即得一分。有二名隊員充當「蚌」，手持球拍在封鎖區內，攔截對方投向網兜的球。其餘隊員充當「採珠人」，在水區內進攻與防衛。比賽為上下兩場，每場進行二十分鐘，得分多者為勝。

一九九二年，伊通滿族自治縣舉辦了第四屆全國珍珠球邀請賽，有力地推動了珍珠球活動在伊通的開展。伊通珍珠球隊在歷屆全國珍珠球比賽中都取得了較好的成績，群眾性珍珠球活動近年來開展得比較普遍。

珍珠球這一民族形式的體育活動，源於生活，鮮明生動，多姿多彩。場上攻守往復，銀球穿梭飛舞，四只蛤蚌忽張忽合，一對抄網頻頻有所斬獲……場面緊張激烈，精彩絕妙，令人目不暇接。這項運動將體育運動之矯健與生活勞作之優美，緊密融匯在一起了。因此「珍珠球」這個民族體育項目被稱為「民族體育之珠」。

欻嘎拉哈　「嘎拉哈」是滿語，漢語中叫「髕骨」，意思是後蹄骨，多取之於羊、豬等動物。嘎拉哈，也有叫抓嘎拉哈的。嘎拉哈呈六面體，仰臥倒翻都有一面朝上，只要著地就可落穩。去掉兩頭其餘四面都有約定俗成的特定名稱，分別稱為珍兒、背兒、坑兒、驢兒。名稱是根據面型而定的。玩的嘎拉

▲ 嘎拉哈

哈都要剔光，有的還要染上紅、綠、藍、黃四種顏色，十分鮮豔醒目。嘎拉哈玩法分室內和室外，「打」是室外遊戲。室內遊戲可分為彈、抓、搬、撥、趕幾種，即彈珍兒、抓對兒、擲珍兒之一搶暴子、大把抓子、趕羊等。

　　遊戲時人數不限，可以一個人玩，也可以三五個人一起玩。室內在炕上遊藝，一手把一個裝沙粒的布袋拋高，然後手抓「子」（即嘎拉哈），如未接到拋高的布袋或未抓到嘎拉哈「子」，即由另一人玩，計數多為贏。嘎拉哈是滿族青年姑娘、媳婦、兒童喜歡玩的一種傳統的炕上遊藝活動，玩法多樣，十分有趣。

　　跑馬衝城　這個遊戲是滿族兒童模擬軍事攻城活動的遊戲，這種攻守結合的軍事遊戲活動，反映了滿族自幼崇尚武功的古老風俗。遊戲培養機智、果斷、勇敢、頑強、團結一致的精神，發展學生奔跑衝撞能力。遊戲方法：參加人數不限，分成甲乙兩隊，拉開一定的距離，橫列對峙。先是挑戰問答，甲隊

▲　跑馬衝城遊戲

合：叮鈴鈴，跑馬城，城門開，發個格格（滿語，漢譯小姐）沖城來！乙隊合：要哪個？甲隊合：要紅玲。乙隊合：紅玲不在家！甲隊合：要寶方。乙隊合：寶方不在家。甲隊合：要×××（×××是乙隊兒童的名字）！被點名的同學做騎馬姿勢向甲隊飛跑衝去。甲隊隊員緊緊握住手阻擋，如衝過去，就將破口的一名同學帶回本隊，否則即留下成為甲隊俘虜。同學多是採取聲東擊西，選擇弱小同學衝擊。這樣反覆沖城，直到一方無人為止。

跑馬沖城還有另一種遊戲方式。在這種遊戲方式中，兒童也要分成兩隊，並且人數相當，只是在遊戲開始之後，由一方向另一方挑戰變成兩方互相挑戰。甲隊說：「急急令。」乙隊說：「扛大刀。」甲隊說：「俺的兵馬任你挑。」乙隊接著問：「挑幾個？」甲隊答道：「要三個。」這時候，乙隊便挑選出強壯精幹的人到甲隊中拉人，而此時甲隊則極力阻攔，不讓把人拉走。如果拉過界線，被拉者就要歸降拉者的這一隊。然後兩隊更換角色，接著進行下一輪的跑馬沖城遊戲。遊戲結束時也是以人多的一方為勝。

跑柳城　女孩遊戲，比賽雙方各推一當虎頭女罕，也稱為「柳王」，身穿虎皮暖褂頭圍柳葉圈，身穿柳葉裙。雙方各用柳枝搭成一門，代表柳城，門前後左右各站一女。把守角號一響，雙方相撲，爭奪對方「柳王」，並極力護衛自己的「柳王」，「柳王」直到最後歸一方者為勝。

▲ 跳駱駝遊戲

▲ 跳駱駝遊戲雕塑

跳駱駝　「跳駱駝」滿語叫「跳特猛」，它也是一種部隊習武的競賽活動。具體玩法是：約十人為一駝隊，遊戲中有幾個駝隊。駝隊中的成員彎腰，把手放在膝上作駱駝狀，「駝」間稍拉開點距離。發令後，隊列最後一人跳起，依次從數頭「駝背」上分腿躍過，然後，高喊一聲「到」，仍俯身作駝狀，哪組最後一人先跳完，哪組為勝。

老鷂子抓小雞　滿族兒童模擬老鷂子捕捉小雞的各種動作而編排的對話捉人遊戲。參加遊戲的兒童，一人扮作「老鷂子」（老鷹），其他參加者列為一隊，最前一人扮「老抱子」（母雞），第二人至隊末者依次拽著前一人後衣襟扮「小雞」，排於「老抱子」後邊。遊戲時，「老鷂子」作磨刀狀。「老抱子」同「老鷂子」相互問答：「大哥大哥你做啥？」「磨刀啊。」「磨刀做啥呀？」「殺豬啊。」雙方經一番兒歌問答後，「老鷂子」開始自隊尾捉「小雞」，「老抱子」則張臂攔護，「小雞」也隨之躲閃。每捉住一隻「小雞」，「老鷂子」則撿柴枝作點火燒吃狀。如此重複，直至「小雞」被捉完為止。

▲ 老鷂子抓小雞遊戲

翻花繩　翻花繩是滿族民間遊戲，是女孩在室內的競賽性遊戲，又叫「改（解）繃繃」。用一根花繩，套在雙手手指上，兩人輪換對著翻。花

▲ 翻花繩

樣層出不窮，直到翻完為止。它可鍛鍊手指的靈活性，平時一般使用不到的小手指也要參與進來，大腦也跟著動起來了，這是最經濟、最實惠、最有益，也不需要多大空間的遊戲，有利於鍛鍊手腦的協調運動。

扇啪唧　　「啪唧」（音譯）是圓形的紙殼正反面貼有圖案，大概有手心大小。至於為什麼叫「啪唧」，難以查明，大概是以前流傳下來的。「啪唧」有很多種玩法，有「過押」「空翻」「頓兒」等，就是看你的「技藝」高低。打「啪唧」贏了，對方的「啪唧」就歸贏家。這項活動深受少年兒童（主要是男孩）喜愛。

滿族民間兒童遊戲——過家家　　過家家是兒童模仿大人們的生產、生活方式做的一種遊戲，這個遊戲是世界性的，滿族兒童同樣對它深愛不已。

參加這個遊戲的人數，可以是一人，也可以是許多人。在做遊戲的時候，有的兒童扮演「媽媽」，有的當「爸爸」，有的當「孩子」，還有的當「爺爺」「奶奶」「姥姥」「姥爺」「哥哥」「姐姐」「弟弟」「妹妹」以及「老師」「醫生」「士兵」「小販」等等，角色的分派由兒童自己商量決定。遊戲的內容多種多樣，通常都是孩子們見過或經歷過的事情。有模仿大人做家務的，比如做飯、洗衣服、給孩子喂奶等；有模仿私塾裡教書的情景進行教書遊戲的；有模仿日常生活的一些場景，給「孩子」或「老人」到藥鋪抓藥什麼的……總之，只要是孩子們能夠看到的，他們都會拿過來，改造一番，變成自己的遊戲項目。

至於遊戲的道具，大多都是用他們手邊就能找到的一些東西來代替，比如大人們不用的破布片，他們手裡的布娃娃，路邊的花花草草，甚至是一些石頭瓦片泥土之類，也都絲毫不會減少他們做遊戲的興趣。

這一遊戲在兒童中間盛行不衰，也讓那些小孩子們嘗試到了當大人的威嚴和神聖的感覺。有人也認為這個遊戲對孩童的社會化起到積極的作用，在遊戲中，社會與文化的傳承是潛移默化的。

滿族的兒童遊戲舞蹈——笊籬姑姑　　兒童遊戲舞蹈。它產生於滿族的一個

民間傳說：多年以前，在某山村，有一個年輕美貌、勤勞勇敢的農家姑娘，被當地財主喀山達強行搶去逼婚。她寧死不從，用剪刀刺死了喀山達，自己也自盡身亡。由於她的姓名失傳，人們只記得她生前經常用笊籬洗菜淘米，遂被稱作「笊籬姑娘」或「笊籬姑姑」，奉為「姑仙」，並在一些節日裡紀念她。如每年正月十五，按慣例都要包笊籬姑姑。即用棉紙繪一少女頭像，貼在笊籬上；或先用棉紙包好笊籬再畫，並以胭脂塗面。據傳笊籬姑娘生前是愛好塗脂粉的，因此著色以相近似。最後將笊籬縛在柞木桿上，並綴以彩紙。舞時，由一女孩將其高舉空中，一群兒童圍著她邊歌邊舞，動作較簡單，類似兒童跳的一種跑跳步，一邊拍手一邊跳一邊唱。歌詞為：「笊籬姑姑下山來，扭扭搭搭招人愛。」唱著唱著，圈中間的女孩也舉著桿子舞起來，盡歡而止。

滑冰車　所謂滑冰車，是用一塊二尺左右的長方形木板，在板下裝上嵌鐵條的橫木做成。站在冰車上，雙手緊握冰扦，向前支撐滑奔；另一種是指人在爬犁上，以冰扦子撐地或借地形的坡度向前滑行的一種體育活動。

溜冰　左腳踏著一塊小木板，板下嵌有鐵條，右腳下縛上鐵製腳蹬，不住地劃蹬，推動左腳下的滑板向前飛奔，勢如飛燕。

滾雪球兒　少年兒童冬日的一種戶外活動。下大雪時或雪過天晴，孩子們在戶外先用手攥成一小團兒雪，再在雪地上反覆滾動，雪團會越滾越大，孩子們在這過程中可以體驗大自然帶來的無窮樂趣。

打雪仗　少年兒童在雪後以雪球為「武器」進行互相攻擊的一種戶外遊戲。因雪球比較綿軟，一般不會造成身體傷害。

踢行頭　冬季在冰地劃界，兩隊隊員腳蹬靰鞡（冬季保暖的牛皮鞋），來往攻守，將行頭（熊皮或豬皮縫製的圓月形綿軟物，或以豬膀胱灌鼓為囊，形如今天的足球）踢入所劃線中，得分多者為勝。

冰嘎　冰嘎也稱冰猴兒，又叫陀螺。遊戲工具就是鞭子和冰嘎。活動場所為冰面或者光滑的地面。活動不限人數，無競技性，是一種技巧性的遊戲。冰嘎玩法：將鞭纏繞在冰嘎凹槽處，平倒放於地面上，用力扯動鞭的一端，將冰

嘎旋轉起來，或者徒手扶住，用手的力量將其旋轉起來，用鞭不斷抽打冰嘎，使其旋轉不倒。掄起鞭子，從外向裡抽打，鞭桿與地面呈一定角度的夾角，主要受力點為鞭梢，鞭桿不要接觸地面，這樣容易弄折鞭桿。

▲ 滾雪球

雪地走　雪地走是滿族婦女喜愛的一種雪上體育活動，是指降雪後，婦女穿上「寸子鞋」在雪地上行走，比賽速度快慢。雪地走為滿族傳統體育項目，由清代宮廷女子在雪地裡比誰走得快而不濕鞋的活動演變而來。在北京、河北、遼寧、吉林等地廣泛開展。通常作為運動會中的遊戲表演活動，其趣味性強，能達到活躍賽場氣氛的目的，深受觀眾歡迎。

▲ 打雪仗

雪地走是在田徑場或平坦雪地上取六十米、八十米或一百米的距離，設起點和終點。要求將鞋底墊高十釐米（或穿木屐）。走時既要維持身體平衡，又要有一定的速度，按到達終點的先後排列名次。

陸地賽威呼　「賽威呼」意思是賽船，「威呼」為滿語，意思為船。比賽時，五人為一隊，排成一列，前四人共同握兩根木竿面向終點方向站立，第五人獨握一根象徵舵的木棍面向起點方向站立。發令起跑後，四人正面跑，第五人倒退跑，以第五人到達終點的先後為勝負。賽跑的里程不等，少則三十米，多則百餘米。

撞拐　又稱格蹬。是指搬起一隻腳當拐，另一隻腳跳躍，以拐起腿的膝蓋互相衝撞的遊戲。可以採用轉、閃、頂、壓、跳等招數，將對方拐撞散開或者

▲ 撞拐

撞倒為勝。還有一種玩法，在地上畫一個大圓圈，二人在圈內撞拐，把對方撞出圈外為勝。這是比平衡、比力氣、比耐力、比技巧的遊戲。

　　狩獵　滿語為「阿巴蘭比」。比賽時由兩隊參加，人數均等，隊員都身穿背簍，站在比賽場地中線的兩側，每隊都有一個布製的虎、熊或沙袋。比賽開始後，兩隊互相往對方的背簍投擲野獸或沙袋，投進得分，投進次數多為勝。同隊隊員之間可以傳遞野獸，也可以持其奔走，但不能超過三步。可以用手攔擋對方投過來的野獸。每投中一次，兩隊都要回到自己的場地，再重新開始。

▲ 狩獵

　　夾獸跳　比賽時兩人為一組，用兩根木棍或竹竿夾住模擬的動物。賽

▲ 夾獸跳

法有兩種，一是沿兩米直徑的圓，順或逆時針雙腳側跳，按事先規定的圈數先
跳完為勝利；二是夾住模擬物後兩人共同向終點側跳五十米，先過終點者為勝
利。

▲ 騎馬戰

騎馬戰　玩法有兩
種：一是三人馬，一是單
人獨馬。三人馬是一人在
前，二人在後，後者各一
手搭在前人的肩上做馬
背，前者雙手後背，與後
二人各一手的手指交叉相
握做馬凳。一員戰將騎於
馬背上，兩足踩於馬凳

上。當兩騎交鋒時，兩將在馬上互相撕殺（拉、扯、壓），或人落、馬散，或支撐不住就算敗北。單人騎馬戰，即一人在肩上托一員將，兩馬相交而戰，這種單人騎馬戰，靈活，快速，有時可以戰勝三人馬。

打柔　「柔」是用圓木棒削成兩頭帶尖的玩具，大柔半尺上下，小柔二吋有餘。玩時用窄條木板磕其一端使柔跳起，再用窄木板將柔打出，打得越遠越好。

打箭杆穿　寒冬臘月，農村男孩利用街道空地擺開陣式打箭桿穿。玩法是以秫秸節作籌碼，玩者各出幾節集中橫放在墊棍上，每人手執一根粗壯的長秫秸作「穿」，幾個人站在同一地點，向同一方向擲「穿」，比出遠近，誰最遠就是頭家，要在落「穿」

▲ 下五道兒

的位置往回穿秫秸節碼，如果穿中節碼，凡離開碼墊又不連著的取下，歸發「穿」者；沒離墊的，連著節桿的不動，二家、三家、四家依次打穿，穿淨為止。

下五道兒　下棋人兩個，每人五子兒，可以席地而坐，隨便什麼子兒都可以，兩子兒吃一子兒，在同一條線上，一直將對方吃沒為止。方法簡單易行，其作用可以鍛鍊動腦和運籌能力。

憋死牛兒　每人兩子兒（兩頭牛），牛不能走過井去。對弈的雙方不論誰先走，第一下不許將對方憋死。這是最簡單的兒童動腦筋遊戲。

射柳或擊石　用弓箭或沙袋往柳樹間的靶上投射，命中多者勝。

彈杏核　人數：三到四人，每人準備相當多的杏核做「本兒」。步驟：先考「大家」（優先權），在三米遠的地方每人向基準線上投自己的杏核，離基準線最近的為「大家」。第一個人贏第二個人的，第二個贏第三個人的……開始：第一人將杏核放在三米遠的線上，用兩個手指向前彈四步，分三次彈到基

準線。如果過了基準線就為「壞了」，讓給第二位，第四步彈入格內，進第幾格就吃對方相應的幾個仔兒。第四步若彈出格外也視為失權，即讓給下家。在彈的過程中，每一步都有口訣：「大老彈，二老黏，三基準，四進子兒。」這種遊戲能鍛鍊兒童的手腦協調配合能力和手指的準確度、靈活性，和現在計算機使用的鼠標作用有些類似。

扔牆根兒　將舊銅錢或舊鋼鏰兒摔向牆根，反彈出牆前邊一米線外者為贏。人數不限，每人出一枚鋼鏰兒，先考「大家」，每人將自己的鋼鏰兒扔向離牆根一米遠的基準線，離基準線最近的為「第一扔」，依此類推。然後第一扔把大夥的鋼鏰兒疊成一摞，用力摔入牆根兒，出線者為贏子兒。未出線的第二位接著扔⋯看誰贏得多。作用：鍛鍊臂力、腕力、手指的準確度和技巧。

摳瓦　在三米遠處用一塊扁石將圈內摞在一起的銅錢或舊鋼鏰兒摳出。人數：五人左右，每人出一、二枚銅錢，落在圓圈內，先如上述的方法考出「大家」，然後依次在三米外的線外用自己的扁石平拋向錢摞，出圈者為贏子兒。未出圈的第二位接著摳，都輪一遍後，圈內還剩子兒時，便在圈外輪流往出摳。作用：鍛鍊準確度、臂力、腕力和衝擊力量，和今天的保齡球相似。　紀律：杜絕在三米線內向前射瓦（即不許跑蓮花步）。

跳房扔口袋　幾個人按規定跳過所有的方格。幾個人不限，每人一個布口袋，先扔向基準線考「大家」。每個人依次跳完一格、二格⋯⋯六格。跳第幾格就將口袋扔到第幾格，扔不准就算輸，然後單腳從三米線跳到基準線，兩腳落地休息一下；再繼續用單腳依次跳向各格，同時將口袋踢入下一格，腳和口袋壓線都算輸。口袋扔向第幾格可在此格雙腳落地休息一會兒。若第一個「壞了」，第二個接著進行。大家非常認真，跳得你爭我趕、滿頭是汗。作用：鍛鍊腿、腳的力量，腦和腿的平衡能力及靈活性，和現在走平衡木有異曲同工之處。

踢毽子　毽子是用狗毛或雞毛紮在銅錢上製成的。踢毽子是當時冬天最主要的遊戲，它玩的方法多、運動量大、興趣廣，可以單人比賽，也可以集體比

賽。它的玩法有：踢、打、銼、掰、壓、顫、掏、拱……踢：可以單腳踢，也可以雙腳輪流踢；打：雙腳跳起來，毽子在屁股後用左或右腳踢向上面稱為「打」，可以左邊打，也可以右邊打，也可以連續打叫作「連穿」；銼：用腳的前面踢叫做銼；掰：用腳外側向外踢叫作掰；顫：一隻腳不落地連續踢叫做顫；壓：在後側踢叫做壓；掏：毽子從胯下打出叫作掏；拱：用膝蓋踢叫作拱……比賽時可以單項比，也可以多項比。

▲ 踢毽子

對於優勝者的政策是：輸家給贏家在三米遠處遞毽，贏家將毽子踢多遠，輸家就到多遠的地方單腳跳著取毽兒；如果贏家沒有踢上則視為「漏了」，則反過來贏家給輸家遞毽兒，也同樣有機會遛贏家。有時候雙方還可以商定其他玩法，如：「隨毛跑」，即第一個隨意地進行一定動作，第二個要完全不差地模仿上，如不一樣也視為輸了，也可以遛遛對方。踢毽子運動量大，一玩一身汗。作用：鍛鍊腿、腳的靈活性，彈跳力，可鍛鍊全身各個關節，促進兒童的生長。

　　秧歌舞　秧歌舞也叫大秧歌或東北大秧歌，是伊通有代表性的一種民間舞蹈形式，其特點是優美、火爆、潑辣、風趣。

　　秧歌舞從清代流傳至今。每逢正月，由村中好事者組成三五十人的秧歌隊，均為青年男子。扮女

▲ 扭秧歌

角者，頭戴花冠，身著綵衣。嗩吶、鑼鼓伴奏。曲牌主要有「句句雙」「大姑娘浪」以及民歌小調。隊形變化複雜，如「四面斗」「五股穿心斗」「卷菜心」「剪子股」「龍擺尾」等等。秧歌隊中有多種扮相，如「老韃子」「大家老婆」「小老媽」《白蛇傳》中的青蛇、白蛇、《西遊記》中的唐僧師徒、老漢背少妻、「二人摔」等等。有的邊舞邊唱，曲調為東北民歌，多為領唱人即興填詞。現在的秧歌舞每天早晚隨處可見，中老年人把它作為強身健體的一種鍛鍊形式。

▲ 扭秧歌

　　新中國成立後，秧歌尤為活躍。每逢春節或重大慶祝節日，文化館站、街村政府、機關學校便組織秧歌隊。男女青年踴躍參加。除到街頭、村屯表演外，還要給烈軍屬五保戶拜年。為了改革舊秧歌，縣文化館曾多次舉辦新秧歌學習班，推廣新秧歌，不僅剔除其中的糟粕，而且對舞步、隊形、扮相都作了重大革新，使秧歌舞富有現實意義，具有鮮明的時代特徵。一九七九年以後，多次舉行秧歌比賽，促進秧歌舞的革新與繁榮。

　　花棍舞　相傳花棍舞是滿族民間慶豐收的一種娛樂形式。「花棍」係用七

▲ 花棍舞

十至八十釐米長的木棍製成，兩端各挖十釐米長的槽，中間穿上銅錢，棍兩端繫彩穗，棍身纏以色紙，手握中間，邊舞邊用棍敲打身體各部位，三五十人齊舞，不僅舞姿協調優美，而且發出有節奏的鏗鏘悅耳之聲。

高蹺　高蹺又稱「踩寸子」，係大秧歌形式之一。舞者腳踩三尺多高的木製高蹺，手持彩扇、手帕，在嗩吶鑼鼓聲中翩翩起舞，並配有各種扮相。伊通高蹺活動較少，主要因為表演技巧難度大。春節期間只有縣城及少數鄉鎮有高蹺秧歌表演。

旱船　旱船是當地民間的傳統文藝形式，有單獨表演，也有同秧歌一起表演的，道具有二只彩篷船、一根木槳。多為三人表演，二人扮女裝駕船，似坐船上，一人手持木槳扮撐船老漢。步伐輕盈，作水上行船狀，上下左右，時分時合，翩翩起舞，邊舞邊唱。至今民間仍保留這種文藝形式。

伊通婚育習俗

　　滿族的婚俗　滿族姑娘舊時一般在十五六歲就訂婚，十七八歲結婚。訂婚後，姑娘就開始忙嫁妝了。大量的針線活計是做大布襪子和鞋，還要重新繡一套枕頭頂和幔帳套，繡工要精細，樣式要新穎。此外還要做好被褥。

▲「拜北斗」

　　訂婚前，要經媒人提媒，互往相看，這叫「相門戶」。雙方同意，男方就給女方「裝煙錢」「過小禮」，作為定物。

　　小禮過後，男方的父母攜子及媒人來女方家，女方設席熱情款待，正式確定婚姻關係，並議定聘禮和「過大禮」時間。

　　男方根據議定的日期去女家行聘，稱為「下茶」。聘禮擺在鋪有紅氈的高桌上，陳列於祖先案前，兩親翁並跪斟酒互遞蘸祭，這叫「換盅」。

　　男方選好結婚日期，提前通知女家，叫作「送日子」。男家將給新娘的彩

布、衣服送至女家陳列於祖先案前，兩親翁並跪，互相賀喜，俗稱「開剪」。

　　婚期前一日或九日，女家將陪嫁妝奩擺在鋪紅氈的高桌上，抬送到男家，陳列於門前，俗稱「過櫃箱」。

　　迎娶、婚禮一般進行三天。頭一天，男方由全福的長輩人佈置好洞房，被子四周放棗、花生、桂元、栗子，中間放一如意，意味著「早生貴子，萬事如意」。洞房佈置好以後，徹夜奏樂笙歌，以驅鬼怪，稱為「響房」。農村也動鼓樂，並搭灶、劈柴，稱為「響棚」。

　　新娘在頭一天離家，臨走前向祖先及佛托媽媽叩拜。新娘登彩車時，要換去娘家鞋，穿上踩堂鞋，由送新婆陪送到離新娘家不遠的某家住宿，以看不到婚家屋簷為標準，俗稱「打下處」。

　　第二天，晨曦初露，新娘登彩車，其兄護送，路遇井、石、廟、墓皆用紅

▲ 跨馬鞍

▲ 邁火盆

毯遮蓋，以避煞神。與此同時，新娘拜畢祖墳，由姑爺陪同，率領迎親車出發，一路上鼓樂齊鳴。兩車行至中途相遇，其兄將新娘抱到迎親車上，俗稱「插車」。「插車」隱寓行營結親之意，是滿族早年軍旅生活的遺風。轎車停在夫家門口，新娘於車中等候，俗稱「勸性」。新郎持弓矢向轎下三射，叫作「驅煞神」。新娘踏馬兀（方凳），頭蓋紅巾，前後心各懸銅鏡，到天地桌前，

▲ 射三箭

▲ 挑蓋頭

▲ 喝合巹酒

一對新人面北而拜，俗稱「拜北斗」。新娘至院中的臨時帳篷門前，新郎用秤桿或馬鞭將頭上的紅巾挑下來放在帳頂，又遞新娘兩樽錫壺，裡面盛米和錢，新娘將其抱在懷裡，俗稱「抱寶瓶」。新娘跨過門檻上的馬鞍與火盆，象徵安全過門，日子紅火。新娘入帳篷登床，面吉方而坐，稱為「坐福」，也稱「坐帳篷」。沒有帳篷的，新郎新娘進洞房後，男左女右並肩坐在南炕上的帳幃內，稱為「坐帳」。

新娘住進帳篷或入洞房後，由伴娘用紅線絞掉臉上的汗毛，俗稱「開臉」。新娘「坐福」一直坐到日落之前，由小姑或小叔拽下地，出門看日光，俗稱「看日紅」。

新人回到洞房，由全福人斟滿兩杯酒，新郎新娘各呷一口，互換酒杯，再飲一口，即為「合巹禮」。接著吃子孫餑餑和長壽麵，然後男女爭坐被上，以為吉兆。這時新郎新娘一改白天的拘謹神態，而變得活潑歡快。洞房花燭夜爭坐被上，很難有高低之分，只不過讓新人的感情有一個交融、顯露的機會。

第二天清晨，新郎新娘五鼓起身，拜天地、神祖、公婆、姑舅及族中各尊長、卑幼，俗稱「分大小」，新娘開始確定了在家庭中的地位。

婚後第三天，新娘由嫂嫂帶領叩拜祖墳，並將點燃的煙敬上，然後逆河水行走而歸。婚後七日，新郎陪新娘回娘家，俗稱「回門」。一般是當天來當天去。婚後一個月，新娘回母家住一個月，俗稱「住對月」，返回婆家時給每個人帶些鞋襪等禮物。第一個春節，新郎帶四彩禮去岳父家拜年，岳父賞拜年錢。

目前，滿族的婚俗發生了很大變化，婚禮趨於簡化，但有些富有個性的民族傳統風俗仍繼續保留著，如送「離娘肉」「插車」「坐帳」「吃合喜餃子」「邁馬鞍子」「跨火盆」等等，有些風俗已成為東北地區各族人民的共同風俗。

昔日伊通薩滿活動不僅表現在祭祀中，且在婚禮儀式上亦有薩滿活動的內容。如營城子鎮新山村愛新覺羅金氏家族舉行婚禮前，由薩滿領族人和新郎叩拜「祖宗神像」，也有的滿族家族去祖墳前擺祭品「拜祖」。據滿族老人講，

天交辰時，新郎、新娘舉行結婚「拜北斗」儀式。院中設一天地桌，桌上備黑豬哈里巴肉（豬肘）一方，擺酒三盅，插尖刀一把。新郎在桌前面南而跪，薩滿挨新郎左首單膝而跪，手擎一托盤。此時的薩滿披上斗篷，用滿語高聲誦唱「合婚歌」，漢意是：選吉日良辰，迎來新人慶賀新婚，宰殺了肥豬，擺上了供品，供奉在天諸神，保佑新婚夫婦幸福長存……合婚歌共分三段，每念一段，薩滿用刀將熟豬肘子肉割下一片，拋向天空，端酒一盅至眉間後，潑灑在地上。此時院內外歡呼喜慶，婚禮達到高潮。

滿族生育習俗

出生 嬰兒出生如果是男孩，要在門楣上掛一小弓箭，祈望孩子將來能成為騎射能手。如果是女孩，則掛一紅布條，一是象徵吉祥，二是表示「月房」不能隨便進去。第三天給孩子餵奶，稱「開奶」。趕上祭祀時，嬰兒要上子孫繩，在繩上繫一小弓箭即添男嬰，有的繫一羊「嘎拉哈」（髖骨）；繫一彩布條，即添女嬰。

睡扁頭與上悠車 滿族不喜歡小孩大勺子夾扁頭型，因此滿月上悠車時，要將嬰兒臂肘、膝蓋、腳踝等處用布帶捆縛，使孩子不能翻動，將頭枕於用小米裝成的小枕頭上。仰臥時間一長，後腦勺扁平，此俗也影響了漢族。悠車都是嬰兒的姥姥或舅舅給買的，悠車用樺木或椴木薄板製成，兩頭呈半圓，形似小船，外塗紅漆描金，多寫「長命百歲」字樣。車內放一草口袋，一個枕頭。悠車掛於房梁上，距地面一點五米左右。將嬰兒包裹好放入車

內，嬰兒母親邊哼唱催眠曲，邊搖動悠車令嬰兒入睡。

　　戴鎖與上譜　孩子出生後，首次遇上族中公祭，在祭佛托媽媽（滿族家祭所祀之神祈求子孫平安）的儀式上，要給孩子戴鎖。鎖，一般用紅絨線把銅錢編成一串而成。親友們則多贈以銀質壽鎖，祝孩子長命百歲。

　　滿族有修譜續譜之俗，如果生男孩，在修譜或續譜時，要把孩子名字用紅筆記入宗譜上，上了譜才算正式成為族中一員。

　　上檔子　上檔子始於一六〇一年，努爾哈赤建立八旗制，滿族男孩出生後，要向官方註冊，稱「上檔子」。上了檔子便可享受朝廷「例銀」。到十八歲，便編入馬甲。

　　下奶　嬰兒出生後，滿月之前，親朋好友，左鄰右舍都要給產婦下奶（催奶）。多送雞蛋、雞、魚、掛麵等，至今此風俗仍在城鄉各族居民中保留。

伊通滿族年節習俗

春節　除夕全家吃「團圓飯」之前，要先備一桌酒菜，由男人抬到祖墳去祭奠歷代祖先，擺好祭器和供品，全家向祖先行禮後入座吃飯。

上元節　也叫元宵節。上元意為天官的生日，天官能賜福於人，人們就投天官的喜好張燈玩樂討好於他，求天官多賜福。正月十五和十六還有「打畫墨兒」「軲轆冰」的習俗。

添倉節　農曆正月二十五日，以黏高粱米煮飯置於盆內，將其放入裝糧食的倉子或倉房之中，並將用秫秸扎的小馬插在盆上，寄希望於此馬，它能日日駄糧進倉，以後三日，續添新飯於盆，寓意除祈求神靈保佑五穀豐登外，還勉勵自己努力生產。

太陽日　農曆二月初一，滿族人認為這一天是太陽的生日。要吃用米粉做的太陽糕。太陽糕上用糯米掐成各色的花小雞。意為金雞報曉，迎接日出。兒童們除吃太陽糕外，還可以玩各色的花小雞，歡歡樂樂給太陽過生日。

龍抬頭　農曆二月初二，這一天滿族人有「領龍」之俗，從井臺到家中，

▲ 紀念添倉節

▲ 買春聯

要撒彎彎曲曲的草木灰，象徵著龍走的道路。取井水到家，以示請龍到宅供奉，祈求龍王保佑，風調雨順，五穀豐登。這一天給男孩理髮，希望變得聰穎，學業有成。

領神節　三月初三為春季「開馬絆」之日，也稱為「開辦節」「大神節」，這一天新薩滿要舉行出徒領神儀式。

逛蟠桃宮　農曆三月初三逛蟠桃宮，但並不是赴王母娘娘蟠桃會，而是「跑車」「跑馬比賽」。黎民百姓，各顯技能，爭奇鬥勝，互不相讓，奪魁拔首。千家萬戶，男女老少，爭相觀陣助興，盡歡而散。

結緣日　農曆四月初八，這是滿族獨特而有意義的節日，這一天要「普結良緣」，用今天的話就是「廣泛聯誼」。這一天煮一小碟鹽水香椿豆（青豆和黃豆兩種）彼此互敬吃對方兩顆「結緣豆」，表示「普結善緣，天下一家」，進行聯誼，增進團結。滿族敬老，結緣都先敬長輩長者，所以長輩吃了晚輩的「結緣豆」，就從自己碟內掐兩個豆給晚輩吃，表示不分長幼尊卑，精誠團結。

五月節　俗稱端午節，端午日，滿族人這天家家大人孩子手上腳上要繫五綵線，家家門上掛艾蒿，以喻避邪祈福平安之意。這天，人們還要身佩荷包，裡裝雄黃麵，消災去毒。凌晨，三五成群地到郊外「踏露」，用露水洗臉，洗手，喝一口溪水，謂可不生眼疾、不生瘡、不肚子疼。早晨吃煮雞蛋，不「苦夏」。滿族入關以後，既敬重屈原，包粽子，也為了紀念善良的老瑪琺，插艾蒿、飲硃砂酒以避邪疫。

蟲王節　農曆六月六日。過去，逢此日，每戶出一人，拜謁蟲王廟，並殺豬以祈求蟲王管住蟲害。隨著科學文化的發展，滿族人深知蟲害靠防治而不靠祈神。但此時確是蟲害猖獗之時，農村多改為「曬衣節」，在這一天晾曬衣物。在城市則改為「爆書節」，晾曬典籍圖書，以免蟲蛀。

馬王節　農曆六月二十三，祭祀馬王。滿族尚武，善騎射，但並非游牧民族。祖先狩獵征戰，多靠騎馬射箭，出門時也多騎馬，故極敬重馬王，到現在滿族人一般還是不喜好吃馬肉。

乞巧節　七月初七女孩「乞巧」，祭「笊籬姑姑」，以求自己心靈手巧。

中元節　農曆七月十五，也稱「鬼節」。為超度亡魂，寄託哀思，常常舉辦放河燈、燒紙船等活動。放河燈、燒紙船的主要目的是普度水中的各路孤魂野鬼。

八月節　農曆八月十五，漢族稱中秋節，滿族稱為團圓節。滿族人在中秋節到來前，必會想盡辦法回到家中和家人團聚，在月圓之夜實現一家人的團圓。中秋節最重要的是要吃月餅，也是取其團圓之意。當地有這樣一種諺語：方方桌子炕中間，圓圓月餅往上端，全家團聚日子好，一年四季保平安。

領神節　九月初九為秋季「開馬絆」之日，也稱為「開辦節」「大神節」，這一天新薩滿要舉行出徒領神儀式，實質上是對新薩滿的綜合驗收，今後就可以單獨頂香領神從事祭祀活動或看病了，否則族人是不會承認的。

頒金節　農曆十月十三日。滿語「頒金札蘭」。頒金，漢譯為「生」「發生」「生成」「生氣勃勃」。札蘭譯為「節日」「喜慶之日」。所以翻譯為「頒金節」。過「頒金節」與過每年農曆四月初八的「結緣日」意思較為接近，主要是舉辦廣泛聯誼慶祝活動。

▲ 慶祝頒金節

▲ 慶祝頒金節

冬至節　滿族人一個重要的節日，有「冬至大如年」的說法。為消災祈福，滿族人有在冬至日祭神、祭祖的習俗。不忘祖先恩德，並祈福迎祥，又有「消寒節」之稱。喜歡學武術的少年，要在冬至這天拜師學藝，古時稱為「看

冬」之俗。冬至有吃餃子、餛飩食俗，有「冬至不端餃子碗，凍掉耳朵沒人管」的俗語。這一天，民間有贈鞋的習慣。

臘八節　農曆臘月初八為「臘八節」。滿族人不但闔家共食臘八粥，還要用紅棗、蓮子、胡桃仁、杏仁、栗子、花生仁、瓜子仁、山楂糕在粥上擺「粥果」。「粥果」要擺出如意、大盤腸、八寶等滿族圖案，或製成獅子、人等形態供奉果樹之神。在過臘八節時，滿族人還要將蒜泡在醋裡來製作「臘八醋」，除夕之日打開後醋香襲人，用來蘸餃子、拌涼菜，味道特別好，是簡便易做的美食佐料。

滿族的節慶　滿族對一年四季的節慶十分重視，特別是春節、上元節，從不馬虎。每當春節來臨，家家戶戶就忙碌起來，如蒸年餑餑，往往一蒸幾天，然後放到外面凍結，用作春節前後的主要食品。除夕前幾天，還要打掃房屋，做豆腐，殺豬。

大年三十這天，家家戶戶都起得很早，大人小孩換上新衣服，女人們準備晚飯和包餃子的餡，姑娘和老太太開始剪窗花，男人在院內埋燈籠桿、植松樹。天一過午，各家開始貼春聯、福字及掛簽等。下午三點吃團圓飯，這頓飯很豐盛，不僅是合家團聚的團圓飯，也是辭舊迎新飯。天黑了，各家的燈籠桿上都高高昇起了各式各樣的燈籠。男人們開始到墳地去燒紙和送燈，輩份低些的女人們便開始到族中長者家去拜年，特別是新媳婦則

▲ 笊籬姑姑

由大伯嫂領著認門拜年。半夜，全家又圍坐一起吃辭舊迎新的水餃。過年期間，有「三十兒無魚不成宴」「初一無雞不成席」之說。

正月十五元宵節，滿族人家張燈結綵，大門兩旁掛出各式各樣的燈籠，裡面點上蠟，十分新穎別緻。滿族青年喜歡請笊籬姑姑，把柳條編的笊籬用白紙包上，再畫上少女的臉譜，塗上胭脂，繫上綵帶，插上花，即為笊籬姑姑。同時找來一個十二三歲的小姑娘，也豔妝濃抹，打扮得花枝招展，還用紅巾蒙上頭噴灑些白酒，讓她雙手擎著笊籬姑姑。這時青少年一邊跳一邊唱《請笊籬姑姑歌》：「笊籬姑姑本姓白，戴朵花，背捆柴，扭扭搭搭下山來。你也拍，我也拍，拍著手兒跳起來。」這時都興奮地喊：「姑姑來了！」姑姑向哪邊舞，別人也跟著向哪邊舞，儘興方罷。

獵神與打畫墨兒　滿族很早以前就有「打畫墨兒」的習慣。正月十五、十六這兩天，可以不分輩份和男女互相打畫墨兒，稱之為「作吉祥」。這一天打破規矩禮法的常規，封禁大開，也不管什麼大伯子還是叔公，均可以互相往臉上抹黑，據說誰的臉被

▲ 打畫墨兒

 端午節祈福

抹得越黑，這一年就會消災免難，萬事如意。

　　關於東北滿族和部分漢族地區男女往臉上抹鍋底灰的來由，有這麼個傳說。相傳，一次山林失火，只有俊媳婦的丈夫、大伯子和叔公前往救火。獵神要降災給不去救火的人，便讓烏鴉進村尋找沒讓大火燻黑臉的人。俊媳婦一家人救火歸來，剛剛洗罷臉，睡得正香，呼喚不醒。俊媳婦便到灶前，抓起兩把鍋底灰，給丈夫、大伯子和叔公左一把右一把地抹開了。俊媳婦一家免除了災禍，人們效仿他們，每逢農曆正月十六，爭相往臉上抹黑，天長日久，遂成習俗。

　　滿族歷來都把正月十五和十六看成好日子，人們有事無事都願意到外面走一走。說是十五十六走百病，認為出去走一走可以去掉身上的病殃。十五晚上觀燈，十六晚上成群結隊到村邊的小河或村中的井臺等結冰處去「滾冰」。其

▲ 端午節採艾蒿

目的是滾掉晦氣以迎吉祥。

每年的農曆三月初三和九月初九為春秋兩季「開馬絆」之日，也稱為「開辦節」和「大神節」。所謂「開馬絆」，就是新薩滿在這一天要舉行出徒領神儀式，從此他就可以單獨頂香領神從事祭祀活動了。

還有一些節日，如農曆二月初二的龍抬頭，五月初五的端午節，八月十五的中秋節等，過法和漢族大同小異。

營城子鎮新山村何貴等家族春節習俗

何貴現住伊通營城子鎮新山村。此處山清水秀，風景怡人，位於伊通河西岸。過去這裡曾是清代御圍場所在地，是有名的清代盛京西流水圍場的一部分。何氏家族祖居長白山，後遷徙到伊通營城子後柳河子屯居住，何家分家後這股搬到這裡。何貴是滿族鑲黃旗人，今年八十二歲，是地道的農民。雖然年事已高，但身體健康，精神矍鑠，耳聰目明，現在還耕種二畝承包田，放牧數頭牛，自食其力。他對祖先過去過春節時的習俗記憶猶新，侃侃而談，如數家珍。

何家過春節具有獨特的滿族春節特色。

何家自從進入陰曆臘月，就開始做過春節的準備，俗稱「打年紙」，就是採辦過春節用的各種年貨。要買香，香是「接半香」，比一般香要長一半，粗一倍。

臘八這天，滿族人家早飯要餷「臘八粥」。「臘八粥」是用大黃米（當地稱為糜子）或小黃米（紅黏穀）熬製而成，粥裡還要放上紅棗，喝粥時在粥裡放入葷油（豬油）和白糖。過臘八後，何家同多數滿族人家一樣開始淘米，做豆腐。淘米蒸餑餑（俗稱黃麵糰），用的米就是大黃米。淘米時要燒開水，將大黃米放入開水之中，用笊籬進行攪伴，將米糠淘淨，淘掉米中的砂子雜物。然後將淘好的大黃米裝到席籠子（用高粱秸編織的四方形盛米工具），控乾水份，到碾房（石頭碾子）去壓麵。用馬尾或銅絲編的細籮篩麵，直到全部碾成

麵粉狀為止。壓好的黃麵要用開水燙，摵成像包餃子面狀，然後裝到大泥瓦盆或小缸之中。放到熱炕頭用被、褥等包好，進行發麵。經過一夜的發酵，第二天早上再將沒發均勻的黃麵取出來，上下摵，使麵上下發得一致。摵好的黃麵再放到熱炕頭上繼續發，直到嗅到有微甜酸味，麵發得起了包，才可以包餑餑、烙黃麵餅、炸油炸糕（滿族地方特色食品）。包黃麵糰用的餡一般是用紅小豆或鱉（黑裡帶黃顏色）小豆烀成的。烀好的小豆餡放入少量的白糖，用木勺搗碎後待用。包黃麵糰是費工的活，光靠本家婦女包不過來，一般人家要外請左鄰右舍乾淨利索的婦女、格格們來幫助包餑餑。包好的黃麵糰放入大鍋蒸。第一鍋要做個「餑餑王」，要比一般的黃麵糰大兩倍左右，將它放入蒸黃麵糰的簾子當中。蒸好的黃麵糰，出鍋後要「揭餑餑」。在鍋臺上放一碗涼水，用專用的揭餑餑的「板」蘸上涼水揭蒸熟的黃麵糰。揭餑餑的板扁平，長約二十釐米，寬約四釐米，厚約〇點三釐米，形狀似鏟子，用薄木或竹子削製成。蘸涼水主要是因為蒸好的黃麵糰特黏，防止揭餑餑時黏手，影響工作效率；蘸水也可隨時將在揭餑餑時露餡的黃麵糰及時黏合上，以保持黃麵糰的外型完整，易於保管食用。蒸出來的黃麵糰要送一碗給左鄰右舍的親友品嚐。蒸黃麵糰用的簾子，一般是用高粱秸稈穿制而成。挑選粗細均勻的秸稈，去掉外面的老葉，用鐵錐子將秸稈扎出眼（孔），將笤條桿一頭削尖弄光滑，然後穿入秸稈之中。蒸黃麵糰用的簾子穿好後要削成與家裡的鍋大小相適應的圓形，再在簾子的後面綁上兩道細木棍，以增強簾子的強度；在簾子的兩頭各繫一個細繩套，方便蒸好的黃麵糰出鍋。揭出來的黃麵糰要放在晾簾上。晾簾為長方形，長約二米左右，寬為〇點五米。同製作蒸簾的方法相同。揭滿黃麵糰的晾簾要抬出屋外或倉房中凍上。凍透的黃麵糰裝入室外的缸中，吃時再蒸透食用。一般五六口的滿族人家都要淘上兩三斗米（每斗 50 市斤），可吃到正月末。到天暖開化前要吃完，否則，黃麵糰會化凍後粉碎、黴變。

在年前，滿族人家都要做豆腐。一般家要做一個豆腐（2 盤）。伊通的豆腐房盛豆腐用的都是木板製作的長條形狀的盤子。長約一點六米，寬約三十釐

米，順盤子兩側鑲有二釐米左右寬的木壓條。做一個豆腐用大豆二十五市斤。做出來的大豆腐打成塊，每盤豆腐一般打成五十塊上下。現吃的大豆腐留下來叫作新鮮豆腐，放入涼水盆中。待以後食用的撿出來放到晾黃麵糰的晾簾上送到室外凍上。凍好後，裝入凍黃麵糰的缸中，隨吃隨取。凍豆腐在做菜前不能解凍，一旦解凍，凍豆腐的漿水跑出來，燉的豆腐口感不好。都是現做菜現將凍豆腐剁成小塊放入鍋中，以保持原來的風味。一般家吃凍豆腐是用白菜燉，或用海帶燉。也有用凍豆腐做成風味獨特的鹹菜。將凍豆腐解凍化出漿水，略晾乾後，把鹹黃瓜切碎，加入肉絲調料等炒凍豆腐瓜子。

伊丹鎮滿族鑲黃旗趙天明等家庭春節習俗

伊通滿族自治縣伊丹鎮趙氏家族，滿族，鑲黃旗。滿姓為伊爾根覺羅氏。其老祖宗在百餘年前居住在吉林市烏拉街，後遷居到伊通滿族自治縣新家鄉焦落屯，後又遷到伊丹鎮火紅村魯家崴子屯。

趙氏家族有幾十口人，雖不在一起居住，春節等重大活動都要到一起。過春節時家族中各個家庭既有統一活動，又有單獨活動。

一進臘月各家就開始忙了起來，直到正月過完才算結束。

臘月是農閒季節，其間多從事祭神、祭祖、分家立祖像、談婚論嫁、走親訪友等活動。

一進臘月首先是殺年豬。因為這時農閒，請親友做客來得齊全。又因天冷，肉可以自然冷藏，易保存。

殺年豬之前，要和南北二屯、屯中的親友、一家當戶進行商議，請屠夫排班，以免互請碰到同一天。

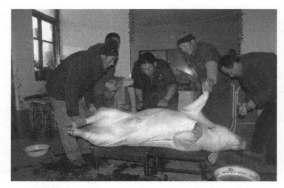

▲ 殺年豬

定好了殺豬日子就開始忙做豆腐。做大豆腐兩盤（可以打成一百多塊小塊），多半凍成凍豆腐。做乾豆腐三五十斤，能滿足這兩個月用就行了。同時為殺豬請客也多了一道不可缺少的菜。

殺年豬的時間到了，那天要起早把一大鍋水燒開。刀把（屠夫）來了，簡單吃完早飯，從左鄰右舍中找來幾位壯漢，三下五除二把豬抓住、捆好四蹄抬到用爬犁架搭的臨時案子上，刀把用侵刀一下把刀從豬脖子扎向心臟，那邊趕緊端來裝有兩瓢溫開水的泥盆接在刀口處，刀子拔下來豬血流淌出來，邊淌血邊用三五根秫秸攪盆裡的血。這樣血不會凝結成塊。把盆端到熱炕上蓋好留著灌血腸。秫秸上掛的血絲叫血筋。

接完了血在豬的後蹄拉一個小口，用通條（直徑 8 毫米長 1.5 米鋼筋，前頭磨成半圓形，另一端威成圓圈手柄）通向另外三個蹄子，然後邊往口裡吹氣邊用木棍打氣所到的地方，不一會把豬用氣鼓成了「球」狀，抬到鍋上，邊澆開水邊用刮子往下刮豬毛，這時豬的全身刮得雪白，抬到屋地並排放好的兩張炕桌上，用刀刮豬皮上的水珠和剩餘的短毛，刮乾淨了開始開膛。先把腸肚放到一個大盆裡，由另外兩個人把腸肚翻過來，洗淨，再用鹽反覆揉搓消毒。清水再洗一遍，截成一段段長一尺的段，用線繩或線麻綁好一端，放到盆裡備用。開始調血了，把溫開水裡放些豆油、花椒大料水、鹽、蔥花、薑末，調到鹹淡適宜時再倒進血盆裡，邊倒邊攪，邊用碗盛出看血掛碗的程度。調到血汁既掛碗，又有露白地兒的小點為正好。因為這種程度的血汁，煮出的血腸既嫩又能切住片。灌腸開始了，用漏斗插進腸內往裡灌血汁，每灌到離頭二寸時用線紮緊，這樣在煮時免得把腸脹開。

這時給豬開膛的師傅，把肉解的也差不多了，剔去排骨，解去肘子，摳出髖骨、哈拉巴骨，只剩淨肉了。然後切成條或塊聽主人分配。這時往一大鍋開水裡放事先切好的酸菜，再往裡放肉，這樣煮出的肉味道既可口又不膩。等肉快熟時，該煮血腸了，邊煮邊在腸上用針扎眼，看針眼處不冒血汁兒腸發挺就煮好了，趕緊往出撈。放到涼水盆裡投一下便可改刀食用了。

這天人多手快，南北大炕，桌子擺上，碗筷備齊，來客盤腿而坐，座無虛席，桌上擺滿酒菜。大盤之間的空地兒再擠小碟韭菜花、蒜醬、酸菜湯、家常涼菜、肉炒蘑菇、肉燉粉條兒、乾豆腐燉乾椒、白菜片炒木耳等。湊熱鬧的人多，這時屯中有威望的老者清清嗓子，來上幾句慷慨激昂，熱情洋溢的講話。話落起筷，大口吃肉、大口喝酒。吃啥管夠、鹹淡可口。酒越喝越盡興，話越嘮越投機，誰家有困難幫忙搶著去。東北人的熱情、豪放到哪兒都一樣。

飯後，有茶的喝茶水，沒茶的用高粱米炒熟沏水當茶喝，不但味兒美，還能去油膩。

滿族人的臘八粥做法不一，有葷、素兩種做法：葷做法，大黃米加肉丁、白糖，或用大黃米拌熟豬油、白糖；素做法，大黃米煮粥，吃時拌糖。

滿族人把包黃米糰稱為淘米。黃米糰是每年冬季不可缺少的食品。因為冬季白天短，吃兩頓飯，黃米糰抗餓，又因天冷吃黃麵食物可以補充身體所需的熱量。

包黃米糰可是件費事的活，工序多，技術含量也高。淘米前，得先試吃一下黃米粥看其黏度，然後適量加些小米或玉米楂來調解它的黏度，太黏了，包出的餑餑沒形，太笨了（指沒有黏度）吃起來味道不好。一般正常情況下一斤大黃米勾兌四兩小米或玉米楂兒。淘米時需先用清涼水洗去米糠，淘去沙子，再用熱開水燙一下，撈出控乾水分。控水主要用席籠子。用碾子軋成麵，過細籮成黃麵，然後用熱水燙麵，和好後熱炕發麵。當麵漲起時為正好，這時麵有甜味；時間長了容易酸，包出的黏餑餑難吃。

烀豆餡學問更大。豆餡分大豆、小豆兩種。烀到第一次開鍋時需把豆子撈出來，去掉湯，把豆放到鍋裡再加少量的清水燒開，等落開後把豆用木勺搗碎做成糰子備用。

包豆包（黃麵糰子，也叫餑餑）的場面僅次於殺年豬，要是淘上幾斗米，少說也得十來個人包上一整天。包餑餑時需把餡捏實攥緊，把餑餑團成底小、肚大、頂尖為好，因為這樣在蒸時易熟，容易往開揭。

蒸餑餑時，簾上放的椴樹葉叫餑離葉，主要是防止餑餑和簾子黏在一起。餑餑蒸熟了，需用筷子蘸涼水把餑餑夾起來放到晾簾上進行冷凍以備冷藏。

洗衣、被縟也是一個耗時很長的活計。從前沒有甩乾設備，只好用手擰乾，但衣物含水量特別大，需晾在院中晾衣服繩上六七天才能凍乾。被縟洗完晾乾後，用玉米粉子沖成米湯樣（指稀乾度）把被縟進行漿洗，晾乾後用捶布石（硬木製成，多半是梨木、杏木。長四尺，寬一尺，厚五寸，由於很重故稱捶布石）和棒槌進行捶打。打到光滑程度即可。捶被時兩人對坐，中間墊上縟子，再把捶布石放在縟子上以便減震。在捶打時，叮噹叮噹很有節奏，聽起來也很悅耳，之後便可縫製了。

打掃室內外衛生。男主外，女主內。二者同時進行，男人把院中的農機具——車馬繩套，千金犁鏵，石、木碌子靠邊放置不礙事的地方苫好，把院子裡東西清空打掃乾淨以備春節期間進行各種活動。室內掃棚、擦牆，用漿面、窗紙（白紙印藍花專用裝裱房間的刀切紙）或白紙，把屋棚糊得亮亮堂堂，玻璃擦得透明瓦亮。描金櫃、箱子、神、祖龕、香爐都擦得透明瓦亮。院中的索羅桿臺階修復如新。家中一切準備就序，就剩下趕集買年貨了。

年貨多種多樣，但都少不了買些水果、調料、衣物、水產品、煙酒糖茶、串門的果匣（小戶人家買紙包的果子，上面蓋上紅綠紙用紙繩捆好）等；粉條、鹵蝦（蝦醬）吃凍豆腐別有一番風味，吃火鍋也是極佳的調味品。那時吃雞不用買，隨時想吃現宰非常方便。寫對聯的紅紙必買，掛簽只買黃彩紙回家自己剪（因為鑲黃旗的滿族人掛簽只能用黃色）。掛簽簡單的，上剪倒福字，下剪五個穗。意思是福到家了。也有剪成雙銅錢套著的圖案。複雜的花樣繁多。有的剪成蓮花鯉魚，意思是連年有餘；有的剪成三個元寶，象徵生活富裕，有錢花，有積蓄；有的剪成龍，意思是望子成龍；還有剪成乾隆通寶的滿文掛簽。總之形式多樣，說也說不全。

春聯自家能寫的自己寫；自己不能寫的要求人寫。若家有亡人三年不貼對聯。貼對子的地方特別多，大門外有一條豎書的「出門見喜」；大門對上聯書

「辭舊歲合家歡笑」，下聯書「迎新年滿園春光」。道出了人們欣喜之情。房樑下的明柱對聯由一張大紅紙順著裁成兩等份，需大提斗書寫，上聯「風調雨順」，下聯「國泰民安」，體現了百姓人家憂國憂民。房門對聯上聯書「白髮催開桃李蕊」，下聯書「學子造就棟梁材」，橫批簡單明了「同心同德」。寫出老人的付出，希望子女成才的心裡話。室外的每合窗上都貼一張橫批，橫批下的掛簽盡量用較大好看的，因為天天看，心情好。井對四個字「井泉甘甜」。馬棚對聯上聯書：「駿馬體壯行千里」，下聯書「寶牛膘肥自奮蹄」，橫批「六畜興旺」。寫出馬牛一快一慢各有所長。豬圈只有橫批一幅「肥豬滿圈」。雞架對聯更別具匠心，上聯書「雄雞報曉歡滿院」，下聯書「雌黃咯嗒蛋成窩」，橫批「金雞滿架」。車棚對聯上書「車行萬里路」，下書「人馬保平安」，沒有橫批。室內東門，老人居室門上聯「福如東海長流水」，下聯「壽比南山不老松」，橫批「福壽雙全」。西屋年輕人門對上聯「妻賢子孝家業興」，下聯「鄰合友睦財運旺」，橫批「同心同德」。此聯教育意義深刻，教育下一代怎樣做人。堂屋的東屋只寫「抬頭見喜」四字豎聯。西屋西牆神龕只供佛托媽媽。佛托媽媽雖是漢人，但對先皇有救命之恩，供為尚神。又因佛托媽媽死為裸體，只有牌位，沒有畫像。仙位對聯上書「救先祖功高蓋世」，下聯書「送子孫賢良世代」，橫批「載天之靈」。祖龕對聯上聯書「先祖功德傳世曉」，下聯書「子孫賢良天下知」，橫批「耀祖光宗」。有的人家不寫對聯，只貼上邊大幅黃掛簽一張，以表敬意。庫房寫些「風調雨順，細糧滿倉」的對子。

年貨還有達子香，金字紅對蠟兩對，上供用的酒盅三個或五個，紅筷三雙或五雙，瓷盤或者大碟子五塊。

要買的爆竹主要有：雙響一捆，十響一咕咚三盤，小掛鞭酌情，花炮根據自己家的條件可多可少。兒童放的花、炮也隨便。「大地雷」要多買些，據說它威猛驅「年」最有效果。

傳說，古時山裡有個獨角怪獸，除夕聞到百姓家的香味後，它就闖到村子禍害百姓和牲畜。這個叫「年」的怪獸有個致命的弱點，怕響聲和光亮。人們

▲ 貼年畫

知道三十夜晚沒月亮，年年如此。於是想出辦法：三十晚上夜裡不熄燈，放鞭炮。從此，叫「年」的怪獸再也不敢來禍害百姓。後慢慢演變成吉慶不可缺少的一項內容了。

　　年畫除了有烘托喜慶氣氛、點綴居室的作用，還有招財（財神）、鎮邪（關公、門神、灶王等）、避鬼（李逵、張飛）之功效。後又擴展到反映社會風俗生活、山水風光、道德風氣等內容。滿人不貼門神、灶王。中國貼年畫的歷史悠久，唐宋時期在北方廣為流傳，明清時期到鼎盛高峰。至今雖然不那麼迷信，但用來點綴居室還廣為應用。年畫的風格流派也相繼形成，如天津楊柳青年畫，江蘇桃花塢年畫，山東楊家埠年畫等等。滿族人家買年畫，各種心態兼而有之，所以過年買年畫是必不可少的。

　　一切準備就緒，就等三十（臘月）那天的到來。三十到了，早晨起床，洗漱完畢要把孝敬老人的錢、衣物、果匣一一送到位。除了錢、衣物，一般都以

▲ 放爆竹

雙為單位。橘子一箱（木製的每箱 10 市斤）。

　　回來簡單吃過早飯，男人把凍肉等冷凍食品搬到屋中間，用冷水解凍。天不管冷暖，開始貼對子了。有的專管刷漿子，有的專管傳送、遞對子，有的專管貼對子，還有的給搬凳子，搭臨時的腳手，隨時給貼對子的人觀正。貼對子按門外、大門、明柱、房門、前後窗對、馬棚、倉房、井、豬圈、雞舍的順序貼，室內先東後西的順序貼完門對再貼畫。貼畫先從老人屋開始，多半貼些有典故的古老戲劇主題的，如《白蛇傳》《水泊梁山》《劈山救母》之類的畫。

　　少輩人的屋牆喜歡貼些楊柳青年畫，像胖小子趴在鯉魚身上、胖丫手拿蓮花臉帶笑的畫、滿族服飾的畫，姑娘們好去觀察裡邊的花、草、鳥，為日後刺繡提供素材。

　　供大紙的時間快到了。首先在院中放雙響，再放掛鞭。回到屋內請下香

爐、焚香、叩首大禮過後請下佛托神龕、祖龕、繫好子孫繩。一一擺好貢品。貢品主要有方肉一碟（比盤小的大碟，地方有限），魚頭一碟，桃一碟，糕點二碟。五雙紅筷，五盅酒，貼對子與掛簽。告訴神祖，新年開始，請盡情享用。雙手合拜，許下心願，添酒後離去。若天色已晚，在神位、祖位的兩邊各放一對金字紅色大蠟。

春節的家畜、家禽也比往常的「伙食」好很多。索羅桿的錫斗填碎肉，給狗餵大骨頭讓它們慢慢地品嚐。天快黑了，外邊的燈籠該點蠟燭了。這一切活計都做完了，該消消停停地吃晚飯了。

人們還沒上桌呢，桌上的飯菜早就陸陸續續地擺差不多了，飯前得先放爆竹，目的有二：一是喜慶，二是驅趕「年」與邪惡。

家人恭恭敬敬地把輩份最大的老人讓到炕裡，然後一輩一輩輪流三叩九拜。當輪到最小的一輩，他要把所有的長輩都拜過。

拜過老人該給老人敬酒了。四世同堂的活祖宗給輩份最小的一一發壓歲錢。一家人頻頻舉杯為老人敬酒，人人都沉浸在新年幸福的天倫之樂中。

吃過晚飯，婦女們準備接神吃的菜：一魚年年有魚（餘），二雞（吉利、吉祥）必有，其他的菜可隨意。不管做啥得保證十個菜（意味著十全十美）。

滿族人接神的年夜飯，主食必吃「年糕」（諧音：年高）。要是沒蒸熟，做年糕的媳婦們還要得賞錢呢：（年年糕生、高昇），雖然是吃的東西，但就要它的話外意。主副食準備好了，不怕涼的先擺在桌上，怕涼的菜餚先留在鍋裡，準備接神的用品。

接著老長輩讓年輕的兒孫開始到草欄子給牛馬鍘飼草。也就是象徵性地鍘一兩捆，然後長者問：「為什麼鍘這麼長？」大家異口同聲地回答道：「長（常）吃長（常）有。」老長輩拿出錢來賞給每個參與者（滿族鑲黃旗人家都是長者管錢，大事小情也都是他老人家說了算）。以上一問一答、一賞，就是圖個吉利，讓春節充滿喜慶的氣氛，人人快樂。

該發新衣服了，人人有份。裡外三新，從頭到腳，全家人謝過老人就各自

回到自己居住的房間去更衣。馬上女人下廚擺設接神的晚宴。

接神時，家中所有的男士們，跟隨者長者去接神。小男孩手提小蠟燈，其他人拿著香火、陰錢（是為了給陪同各路神仙的差人返程用，把神仙留下）到了所接神的方位後，擺上香案燃香叩首，燒掉陰錢打發護送神仙的差人回走。接神一般就接財神和喜神。諸神接完後，便回到家中，一進大門就喊：「財神到了！喜神到！」這時家人推開房門，燃放鞭炮。雙響爆竹接連不斷騰空而起；十響一咕咚有節奏地響個不停，鑽天猴帶著響聲鑽向空中；轉碟轉著噴著火焰⋯⋯

接著就吃接神飯了，先吃年糕，接著吃雞、吃魚⋯⋯喝酒慶賀。（意思是：舊的一年過去，新的一年開始，連年有餘，步步高昇，吉祥如意，喝酒喜慶。）吃過了年夜飯，大家誰也不想入睡，就著牆上的年畫，聽著老人講故事，直到長輩催著大家睡覺。

初一的早晨，老人們把年輕人叫起來，洗漱完畢開始到本屯本宗族的長者家拜早年。（本家族都行叩首大禮，官場或他親行干禮，女人禮數是右手拿一巾帕一甩搭肩，左手下垂雙膝半蹲，或是左右承對勾，端至左腰間，雙膝微向前曲。）拜完年開始吃早飯了，初一的早飯必是水餃。煮餃時婆婆故意問兒媳婦或孫媳婦餃子煮掙沒？（掙原意是煮破沒有？這裡用掙是多出了，吉祥）。煮餃子的人說額娘掙多了！婆婆該給賞了，否則要掌嘴（打嘴巴）。平常都有教誨沒人有別的答案，這也是圖個吉利話。

滿族的春節習俗在過年期間有好多的禁忌：一是凡戴狗皮帽子、套袖的人不准進西屋，坐在供祖宗板的西炕處。二是從正月初一到初十婦女要「忌針」，不允許做針線活。滿族信奉：「一雞；二鴨；貓三；狗四；豬五；羊六；七人；八谷；九果；十菜」之說。如，在初七這天做針線活，人會頭疼。初八這天動針線，莊稼長得不好，等等。所以這十天婦女不許動針線，違者家中不吉，或是六畜不興旺，或是要遭盜賊，或是晚年遭疾病。還有初一至初五媳婦不許到娘家串門，違者娘家不吉利，必須過了初六才可以去串門。

初一至初五的閒暇時間婦女們歘嘎啦哈。

家規嚴的人家是不許賭博的。歘嘎拉哈是婦女玩的。男人就是湊到一起聽故事了。故事主要是一些傳說，像先主（指皇上）打天下遇難了，滿族有什麼規矩了，供神的由來了。再比如佛托媽媽怎麼救罕王，滿族人為什麼不吃狗肉了，滿族人怎麼發明火鍋了，滿族人為什麼敬畏烏鴉、不吃馬肉了。

有這樣一則笑話：從前有戶大財主很摳門，喝酒時把一枚鹹鵝蛋用線繫個網兜裝起來，掛在窗勾上，喝一口酒用筷子指一指鵝蛋，他的孫子趁爺爺不在家就上窗檯把鹹鵝蛋取下嘗了一口，果然好吃，心想，難怪爺爺總指它喝酒。於是給吃了個淨光，然後又把蛋殼放回原處。過些日子，爺爺看看鹹鵝蛋還有多少。一看全沒了，唉聲嘆氣地說了句：「嗨！沒想到指乎（用手指指點）也這麼費呀！」類似的故事不勝枚舉。

小孩們在屋裡待不住，一會踢毽子，一會又去拉爬犁滑雪坡。晚上挑著小

▲ 傻柱子與大家老婆

蠟燈東家走西家看看。姑娘們、媳婦們開始從畫中尋找花樣子，為今後刺繡找素材了。

　　從初一到初五，幾乎每天都要接待來給拜年的秧歌隊。這些秧歌隊都是各屯的文娛愛好者自發組織的。規模大則五十人，小則二三十人。每隊的鼓樂手：大鼓一臺，嗩吶二人，大鑔二人，大的秧歌隊還有吹笙的一至二人。秧歌隊的分工有以下人員：負責領隊一至二人，都是十里八村有威望的人，俗稱「沙公子」。因為到哪家都給面子，秧歌隊都得給賞錢或煙。再說，幾伙秧歌隊遇到一起也有發生口角之事，有威望的人才能出面擺事。唱秧歌的一至二人，他們專管到什麼人家唱什麼詞，歌詞隨編隨唱，討東家心喜好多賞錢或煙。老韃子一人，專管擴大場地的丑角。大家老婆一人，專門督察扭秧歌人的。丑角、青蛇、白蛇各一人，傻柱子一人，也有大頭人男女各一人。個別人也有扮演濟公、孫悟空、八戒、沙僧的，再就是男女隊員各半。服裝：男裝為頭裹白毛巾，著裝為豆綠色。上衣對襟，衣領、袖口、衣襟邊都鑲紅條兒，開氣處鑲有雲字捲兒，釘大長扣袢。頭包白毛巾。褲色同上衣，角口鑲紅邊，腰扎短紅腰帶。鞋一般沒有統一要求，因為褲腳長肥，多數把鞋蓋上了。女裝多為頭戴花冠，上呈等腰三角形，用油條綁紮骨架，彩紙纏繞，上插滿各色電光紙花，花間用帶鋼性鐵絲繞成螺旋形，上邊紮上彩蝶，下插花間，人一扭動彷彿彩蝶花間飛舞。上衣紅色斜襟衣衫，邊口處鑲淺黃色條。腰扎長紅綢帶，一頭繫腰，一頭拿於左手，紅綢褲腳口鑲淺黃邊。老韃子，上身反穿皮襖白毛朝外，青褲子。大家老婆，花布衫，頭戴黑平頂絨帽，耳邊的帽上插一朵紅花，青褲子，腳上穿上繡花鞋。青蛇一身青，頭紮黑頭巾。白蛇一身白，頭紮白頭巾。道具：男花棍，長二尺一寸，粗一寸二，兩頭離頭三寸處各鑿一長七寸寬五分長方形透眼，兩頭的方眼成直角，每眼中釘五組銅錢，每組五枚，無論棍從哪個方向震動都嘩嘩作響，也叫它嘩棍。女角主要是彩扇、手帕。

　　大家老婆的長桿煙袋、竹筐、辣椒一串。老韃子短把皮鞭一把，響串一個，（馬脖子戴的響鈴）。老漢推車一輛。旱船一至四艘。船槳每船一只。高

蹺秧歌隊每人高蹺一副。

秧歌到了哪個屯子，下了馬車，大鼓、鑔，咚鑔、咚鑔先敲幾下，告訴人們秧歌來了，群眾紛紛跑出來看。這時沙公子先到各家看看情況——有沒有準備：一看場地大小，二看院裡是否擺上石塊。如果擺上石塊或凳子，看是五盞燈還是八卦陣，掂量本隊伍是否能勝任，若不能勝任，趕緊到別的屯子去，否則會被人嘲弄。若能勝任就開始行動。秧歌沒等進院，老韃子甩鞭咔咔作響，翻著觔斗便進院打場。並用鞭柄在院中劃出一圈，告誡人們站在圈外。這時嗩吶吹起了「句句雙」，秧歌隊由大拉花、二拉花（領頭的前兩人，決定隊形的走法）先領走個四面斗（方陣形隊伍），若院窄就扭個編蒜瓣（兩行交叉走）。院內若擺成五盞燈的陣，該露兩手了。最後來個卷花心。走四面斗，走蒜瓣，這時大家老婆、傻柱子等角色還有斗醜的機會。進陣了，他們也蒙頭轉向，不知所措。

該收場了，唱秧歌的沙公子看家中有唸書的孩子該唱了：東家東家您細聽，上方來了姜太公，來到你院把官封，你家祖宗做了修好的事，公子登科狀元得頭名，日後連年有餘步步高昇。你家離開了莊稼院，住了樓房進了京。齊巴隆咚咔，東家賞錢×元！謝賞！轉到另一家，看是種地的就不是這麼唱了：東家東家你仔細聽，房上供了姜太公，風調雨順年景好啊，連年有餘五穀豐登……

要是做買賣的家，又該唱：東家東家你細聽，你的買賣做出了名，山南海北把錢送，日進斗金還掛零。總之，唱詞沒有一定的詞，只要合轍押韻就行。見什麼家唱什麼詞，現編現唱，討主人喜歡就行。

有時候幾伙秧歌彙集到一起，各有千秋。秧歌隊的「大家老婆」眼睛特別管事，誰要是扭錯了一點，煙袋鍋準會上身。大頭人也滑稽起來逗人樂，老漢推車，裝作使出全身的勁，左移車轅右移車轅，把車裡的「新娘」弄得前仰後合；跑旱船的，一會兒划槳，一會兒牽繩拉，「船」裡的娘子拿出手帕一個勁地擦臉上的汗；踩高蹺的在秧歌隊裡鶴立雞群，高傲神氣；其他的丑角也盡顯

滑稽逗樂。扭累了秧歌隊站方陣隊形暫時休息，各隊的沙公子大顯伸手，一隊唱一句，看誰編的詞技巧高，看誰的配調好，懂行的人議論紛紛，不懂行的人看熱鬧。唱完了，該東家掏腰包了，這也是臉面錢，拿少的自覺不好意思。

　　初二至初五，吃的葷素搭配，吃的越簡單越好，主要是看熱鬧。初五鑲黃旗的滿族人家有吃餡餅的習俗，四菜隨便，湯要求嚴，必須是下水湯（豬的心、肝、脾、肺、腎、腸，切成細絲，和粉皮，煮肉湯做成的湯），讓人百吃不厭，回味無窮。正月初六的一早，洗漱完畢，先到神龕、祖龕那燒香，大禮拜過後放鞭炮，然後，請回原處。收燈燭，撤供。吃過早飯，有姑娘的婆婆該到村口張望接親人的到來。

　　滿族有初一至初五不看娘家燈的習俗，所以要在正月初六才回娘家串門。

　　正月十五元宵節，除了吃元宵外，放鞭炮、煙花其勢不亞於除夕。室內外燈火通宵達旦。晚上，成年男子手挑燈籠，敲鑼打鼓，把和好的蕎麵捏成麵

▲　正月十五鬧元宵

碗，麵碗裡放些谷糠，澆上煤油點燃，由屯內幾步一盞地送向屯外很遠的地方。傳說這是為了把「年」和邪惡驅除村外，使村裡人過上安全太平的日子。

滿族人還有添倉的習俗。就是在正月廿三在自家院中用灰撒些圓圈代表糧倉，廿四那天早晚各向「倉內」撒些五穀雜糧。傳說這種做法可以使秋天的糧食裝滿倉。

正月末了的那一天，設在院中的燈籠桿，也一同撤下。鳴放鞭炮，春節就徹底地過完了。

供索羅桿自新中國成立以來就被撤掉了。文中所敘是聽長輩人在春節時講述的。其他習俗如供神、供祖到一九六六年也宣告結束。像除夕夜給壓歲錢的習俗還有。接神吃年糕、送燈、過初五方可上娘家串門的習俗，除夕鍘草圖吉利話的習俗早都無影無蹤了。

滿族衣食住行和禮節

滿族的衣食住行

　　頭飾　滿族男子辮髮，女子結髻。男子的辮髮由來已久，從金代女真時興起，直到民國成立後才終止。早年男子著紅纓圓裂頂無簷帽，其帽又分為暖帽（秋冬用）、涼帽（夏季用）、便帽（家裡用）。

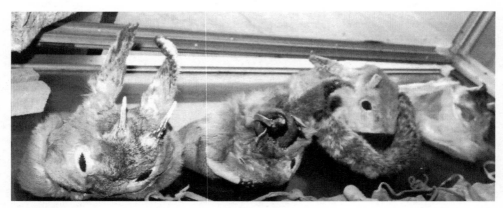

▲ 鹿角帽

　　女子沒結婚前梳辮子，結婚時開臉上頭，開始結髻。婦女戴「頭髮撐子」，「頭髮撐子」是用銀絲或銅絲製成，把頭髮分兩綹纏繞頭上，再插上金製或銀製的扁方、簪子和絨花等美麗的裝飾品。有的還戴金、銀耳飾（耳環）。老年婦女頭飾較簡單，僅在

▲ 滿族婦女戴的「大拉翅」

頭頂上結個髻，插上簪子，只有在大喜歡慶的日子才在髻上戴朵花。

滿族婦女頭飾的花也有講究。未出嫁的姑娘不能戴紅花，多數都戴白色的花，也可戴藍色、黃色的花。滿族歷來都有尊崇白色的傳統。戴白花是希望姑娘像白花一樣純潔。

滿族婦女除佩戴耳飾，還佩戴首飾，手指戴上嵌有珠翠金製的戒指，俗稱手鐲手腕戴有用玉翠或金、銀製的鐲子。

服裝　伊通的滿族人，至民國初期，男女仍穿袍服（即旗袍），但不著馬蹄袖。因地位不同，衣料也有差別，富貴人多著綢緞，平民人家衣物多為棉麻布。男子喜歡藍灰等顏色，女子喜歡綠、粉、月白等顏色。這個時期旗袍樣式由肥變瘦並有長短之分，直領，袖短窄，開右大襟，釘扣袢，緊腰身，衣長到膝下，兩側開衩，旗袍的袖口、領邊、衣襟上鑲著鵝黃、粉紅色條子邊。婦女們穿上旗袍，既莊重，又大方。在冬季外出時，要在長袍的外面套上一件四面

▲ 滿族服飾

開氣的短褂，也叫馬褂兒。民間流傳著「天河分叉，該穿馬褂兒」的說法。冬天一些老年人為抵禦嚴寒，習慣在褲子的外面加穿套褲。滿族的旗袍曾經流行各地，現在仍為城市女性青睞。

滿族過去還有在長袍外面扎腰帶的習慣。腰帶為整幅綢緞製成，為單色，兩端飾以花穗，一般長二點四米，折成六釐米左右寬，圍腰周繫活結於左側。帶色多為藍、綠色。男人平時還拴掛荷包、手帕、解食刀、煙袋等物。

滿族男子冬天穿烏拉，裡絮烏拉草，異常輕便暖和。婦女自古天足，不裹腳，喜歡穿繡花鞋，樣式有兩種，一種為平木底，厚寸許，外包白布，上面上鞋幫，鞋面繡著花。此鞋平素在家穿，並多為中老年婦女穿用。另一種為高木底，也稱寸子。木底高約九釐米，中間細，兩頭寬，近方形（或馬蹄形），為鞋底長的三分之一，上於鞋底正中間，外包布或塗上白漆，鞋面和鞋幫上繡花，鞋底在跟上釘一層皮革。此鞋多在喜慶時穿，勞動婦女平素很少穿，因為它接觸地面積小，行走不穩，不利勞動和操持家務，只有在接待客人或給旗中

▲ 滿族居民

老年人拜年時才穿幾回，日常多穿平底繡花鞋。

　　居室　滿族先人為了適應遊獵生活，夏天住「撮羅子」，漢語稱馬架子或窩棚，冬天住半穴式的地窨子。定居以後，住房的條件不斷改善。滿族住宅多為三合院，由正房和東西廂房組成，大戶人家正房為五間，小戶人家為三間。三間房中間為堂屋兼灶房，左右兩間為居室。一般西屋比東屋大些，西屋住長輩和供祖。東西屋均三面有炕，除南、北炕外，靠山牆還有「萬字炕」。西屋「萬字炕」牆上擺放祭祖板。每間屋的北面有一個窗戶，南面有兩個窗戶。窗戶木製，花格圖案不一，上下開合，窗櫺外面糊紙，再塗上油，既防雨又透光。三間房也有一頭開門的，開在東頭，東間為堂屋兼灶房，西兩間為居室，其南北皆通炕，俗稱連二炕。兩屋中間炕上設隔扇板。南北炕均放幔帳。滿族習俗以西為大，以南為長，長輩要住西屋南炕。正房的西「萬字炕」不住人，也不許任何人坐，因為西炕是供祖宗的地方。

　　房子煙囪的設置在東、西山牆外，煙囪距房子六十多釐米遠，用青磚或土

▲ 白肉血腸

▲ 黏豆包

▲ 蘇葉餑餑（也叫黏耗子）

坯砌成，有圓形、方形兩種。院周圍用木柵欄，或用磚、土砌成圍牆。大門多設門樓或門房。院內設有影壁牆。影壁牆後側立有索羅桿子。院內東西廂房南面修有牛棚、馬棚、車棚和儲存穀物糧倉。滿族人講究衛生，室內外都收拾得乾淨利落，物品放置井井有條，柴禾垛得整整齊齊。

飲食　在主食上，滿族人喜食黏食，如糜子、黏穀、黏高粱、黏苞米碾麵做成的餑餑。隨著季節變化，主食的做法也不一樣，農忙時，做些黏豆包、黏麵餅子、黏糕、柞樹葉餅、蘇子葉餅、豆麵卷子、酸湯子、水撈飯

▲ 吃火鍋

等。冬季農閒,接近過年時,開始做大量黏豆包和年糕。

在副食方面,滿族喜歡吃豬肉,過年、修譜、祭祖都要殺豬。用豬肉和下水能做許多菜餚,如白肉血腸、酸菜粉、氽白肉以及醬、熏、烤豬肉等風味佳餚。滿族還喜食羊、鹿、野豬、野雞、河魚、哈什蟆等。滿族傳統的「魚皮悶子(皮凍)」少見了,「豬皮悶子」還在餐桌常見。滿族有崇狗、烏鴉、喜鵲的習俗,對它們不能打,更不能食用。蔬菜方面,日常食用白菜、蘿蔔、土豆、芸豆、茄子、辣椒、蔥、蒜等,還喜歡按不同季節,採集蕨菜、刺嫩芽、大葉芹、小根蒜、苣蕒菜、搶頭菜、柳蒿芽、四葉菜、寒蔥等山野菜及木耳、蘑菇等食用。秋天,還要醃製些酸菜。

滿族人愛吃火鍋,滿族火鍋歷史悠久,不僅是滿族的傳統菜餚,還是最早流行於東北寒冷地區的一種美食。銅鍋炭火,雞湯沸騰,湯中雜以酸菜絲、粉絲,用來涮豬肉、羊肉、雞肉、魚肉,不時還有野雞、狍子、鹿肉及飛龍肉。

▲ 滿族八大碗

▲ 吃殺豬席

有的也用各種山蘑菇調湯，如榛菇、元蘑、草蘑、海拉爾蘑等，味道十分鮮美。

　　滿族八大碗，是滿族的特有菜餚。它由雪菜炒小豆腐、鹵蝦豆腐蛋、扒豬手、灼田雞、小雞珍蘑粉、年豬燴菜、御府椿魚、阿瑪尊肉等八種菜組成。集中了扒、燜、醬、燒、燉、炒、蒸、熘等所有的烹飪手法，其中阿瑪尊肉最具代表性。八大碗往往用於宴客，每桌八個人，桌上八道菜，上菜時都用清一色的大海碗，看起來爽快，吃起來過癮，具有濃厚的鄉土特色。

　　滿族人喜歡飲酒喝茶。酒有兩種，一種是自家用黃米釀的米爾酒（黃酒），祭祀時用此酒；一種是高粱、玉米釀製的燒酒。一般男人喝燒酒，女人喝黃酒。滿族多喜歡喝釅茶，品種主要有紅茶和花茶。到了冬天，少數人還有喝糊米水代茶的習慣，它是用炒糊的高粱米泡成，色似茶，味兒香不苦，有消食化氣、開胃健脾之功能。在果品上，除喜食家植果品外，還喜食野果，如山葡萄、山梨、山裡紅、軟棗子、山核桃、榛子、松子等。除了鮮食，還製成果

乾，冬天食用。

　　交通工具　過去滿族出行主要靠騎馬、坐車、乘船和坐爬犁等。馬用來乘騎、打獵或使役，車主要用於運物資、串親戚、婚喪嫁娶。爬犁主要為冬天雪上運輸和打獵，船主要用於捕魚、運輸。

滿族的禮節

　　滿族是一個十分重禮儀的民族，素有尊敬長者、重視禮節的遺風。

　　滿族在平日，對長輩非常恭敬。過去，無論大家小戶，都有晨昏定省的規矩。每日晨起，晚輩要向長輩請安，行磕頭禮或打千。新年晚輩見長輩須長跪叩首。就是小孩平時在家玩時遇見長者也必須肅立請安，等長者進屋或走遠後才可再玩。小輩人到長輩家，無論年歲大小，雖為賓客，也只能坐在旁座。平日當長者在坐，兒孫都不能與老人並肩同坐，而在一旁垂手站立。在路上遇長者，必鞠躬垂手問好。如騎馬，必下馬，恭候路旁請安問好，待長者過，方可乘騎而行。如步行，垂手立路旁，等長者走過，方可步行。晚輩如因事外出或去上學，一定先叩問父母，方可動身。外出歸來必須先看望長者，然後才能回房休息。過年時，晚輩無論男女，都要給長者磕頭，這在滿族是最大禮節。磕完頭起來用常禮請安。

　　滿族媳婦不能和公婆同桌用飯，而孫子孫女倒可以。吃飯時老人要坐主位，左邊可以坐孫子，右邊可以坐孫女，而媳婦則穿著大褂垂手站在桌頭一米遠的地方看著老人吃。待老人吃完飯漱完口後，她才可以揀回自己屋裡去吃。

　　姑娘外出串門或回家也要給長者行禮問安，至於日常晨昏定省更不必說。凡女人日常所用之禮皆稱請安。做法是微低頭，兩手握空拳順兩腿自然下滑，雙膝微曲。但姑娘給母親、奶奶、姥姥等長輩請安必頭頂其胸，以表示親熱。平輩相見，兄弟姐妹各用貼面禮，朋友用擦肩禮。

　　滿族人家來客，如果長者不在家，只能男孩陪客。滿族待客也是十分講究的。如果是長者則先請安，然後讓坐，請客人擦臉、漱口，再裝煙倒茶。這是

四季常禮。吃飯時必須用乾淨的抹布當客人面再將飯桌擦一遍，接著上來四個壓桌小菜擺在桌心兒，再上吃碟和筷子。筷子要擺齊，但不能當客人面墩齊。筷子擺在桌子右側，粗頭向外。上菜要上雙數。

　　滿族的禮法中，輩份極嚴。除女性外，男性長者從不進晚輩之屋。如果長者或大伯子外出回來，在進自己屋前一定要在窗外咳嗽一聲，借此給兒媳或弟妹一個信號。如果是老人回來了，媳婦就要馬上開門出迎，見禮後接過長輩的東西，再用手帕輕輕為老人撣去灰塵，待長輩先進屋後，自己再快步跟進，而且要先行幾步為老人開門或打簾子，如果是冬天還要為老人掃去腳上的雪，撥旺火盆後就裝煙倒茶，直到老人叫走了，才可以低頭垂手退著走出屋門，並隨手輕輕地為老人關好門。如果聽出回來者為大伯子，就要趕快回自己屋裡，以免撞見感到不便。

　　以上這些繁瑣的禮節，隨著時代的變遷早已十分簡化了，但在部分滿族人家，特別是滿族聚居之地，有些還是很講究的，尊敬長者之風，至今也沒有改變。

伊通薩滿文化

　　伊通是滿族的發祥地之一，是吉林省唯一的滿族自治縣，也是滿族人數最多和滿族人口占總人口比例較大的縣。伊通的薩滿文化底蘊濃厚，薩滿傳世文物豐富，表現形式多樣，祭祀活動個性獨特。特別是在滿族主要聚居地，滿族那氏、富（付）氏、金氏、關氏、趙氏等老滿族幾大家族仍然保留著他們的滿族傳統民俗習慣和祭祀活動，為深入研究薩滿文化提供了鮮活的歷史見證。他們經過世代傳承下來的珍貴家譜、子孫繩、神帽、神偶、神器等非物質文化遺產為我們挖掘、保護和研究利用提供了廣闊的領域，薩滿文化已成為國內外專家學者共同關注的國際課題，已引起國內外學術研究機構的高度重視。

　　國際上知名的薩滿研究學會已召開多次國際薩滿文化學術研討會，二○○

▲ 伊通滿族博物館陳列的薩滿文物

▲ 傳世幾百年的祖宗影像

四年專程來到薩滿的故鄉伊通參觀考察。國內眾多的研究院所如吉林省民族研究所、吉林省民俗學會、吉林省圖書館、東北師範大學和一大批造詣頗深的專家學者在薩滿文化的挖掘研究保護利用方面取得了豐碩的成果，做出了傑出的貢獻。

伊通薩滿文化挖掘研究成果

薩滿文化原生態展演　二〇〇七年四月三十日中國北方薩滿文化原生態展演在伊通牧情谷旅遊風景區舉行。來自吉林省吉林市的滿族關氏家族、張氏家族、常氏家族和內蒙古自治區海拉爾市的達幹爾族薩滿斯琴掛等二十多位薩滿，展示了「祭家神」「祭肉神」「七路鞭子」「趕班舞」「放太位」和祭祀「阿巴嘎拉代」（面具神）等儀式，這是新中國成立以來多民族、多家族薩滿共同舉行的一次大型展演活動，各具特色的薩滿祭祀、神器、舞蹈、唱詞為薩滿非物質文化的搶救、挖掘、保護留下了寶貴的資料。當天下午召開了專家懇談會，分別就如何搶救、挖掘、再現、保護和傳承中國北方原生態薩滿文化遺產

▲ 伊通薩滿文化座談會

等問題進行了深入細緻的研究和探討。

　　出版了一批反映伊通薩滿文化內容的書籍　唐如蜜創作的《神祕的薩滿繪畫》畫冊，鄭向東、孫鐵石編纂的《東北民間薩滿眾神》大型畫冊等。

　　創作了具有薩滿文化特點的劇本和音樂等作品　吉林省伊通滿族藝術團創作的滿族神話二人轉《狼妻》，獲吉林省第四屆二人轉戲曲小品大賽大獎。伊通知名編劇陸德華創作的二人轉《辮子墳》，就是他在蒐集薩滿傳世文物時獲得了創作靈感，把薩滿民間故事搬上了二人轉的舞臺。該劇不僅獲得了吉林省第十一屆二人轉會演創作一等獎、《戲劇文學》飛虎獎二等獎、吉林省長白山文藝獎佳作獎，還榮獲了全國二人轉會演編劇獎。于福林創作的《向天歌》等滿族剪紙被國家民間藝術協會收藏；吳樹國創作的滿族風情畫《無憂圖》被編入《第二屆徐悲鴻美術獲獎作品集》出版發行。編排了具有薩滿文化特色的歌舞，吉林省伊通滿族藝術團依據薩滿文化的精髓，精心編排了動人心弦、薩滿文化風格濃郁的歌舞並在二〇一〇年六月赴上海世博會吉林館日專場進行了表演。

▲ 薩滿神服

▲ 文藝表演中的薩滿文化內容

▲ 牧情谷的薩滿祭壇

關於薩滿文化探討、研究論文、文章等在國家、地方報刊、雜誌上發表　如伊通滿族自治縣領導撰寫的《增強民族文化意識，利用民族文化資源，做大做強薩滿文化產業》的文章在《吉林日報》《調查與決策》等報刊上發表，伊通滿族自治縣委宣傳部撰寫的《培育薩滿文化產業，推動縣域經濟發展》在全國第七屆學習型城區論壇上作為交流材料並收入到此次的論壇文集之中。上述文章的發表都從不同角度、從理論到實踐談了如何做好薩滿文化這篇大文章。

把薩滿文化融入到旅遊產業之中　以薩滿文化為主要內容的伊通牧情谷旅遊風景區，其薩滿神路中的各種薩滿神雕塑，栩栩如生，薩滿神林新穎獨特，別具一格。伊通滿族博物館已成為國家 4A 級旅遊景點、中國民族博物館伊通滿族分館，占地面積一點二萬平方米，擴建後建築面積五千七百平方米，展出的薩滿文物在國內外頗有影響。同時還開發了一些具有薩滿文化特點的旅遊紀念品。

舉辦了以薩滿文化為主要內容的「文化遺產日」　二〇〇九年六月，為紀念中國第四個「文化遺產日」，在伊通牧情谷旅遊風景區舉辦了以展示薩滿文化特色為主的吉林省首屆非物質文化遺產展暨牧情谷民俗文化旅遊節活動，使薩滿文化得到了有效的展示和傳承。

▲ 抬鼓

▲ 抓鼓

將薩滿文化推向國內外更廣闊的領域　成功接待了參加第七屆國際薩滿文化學術研討會的中外來賓。與會的四十四個國家和地區的專家學者對伊通發掘薩滿文化遺產，開展民族文化研討和傳承所作出的努力，給予了高度的評價。伊通牧情谷已成為薩滿文化的研討基地和大學生社會實踐暨薩滿文化資源建設基地。伊通滿族博物館是省、市、縣愛國主義教育基地和吉林省社科院、吉林師大等單位的滿族文化學術研究、教育基地。

二〇〇九年七月，由吉林省人大、省作家協會、省旅遊局、省民委、省社科院、省民間文藝家協會、省文化廳、省民政廳、省民族研究所等部門和單位參加在伊通召開的吉林省薩滿文化協會第一次全體大會。

伊通薩滿祭祀　伊通歷史悠遠綿長，早在四千年前滿族先民就在這塊土地上繁衍生息，創造了燦爛的滿族文化，留下了珍貴的歷史文化遺跡。素有「七星福地」之稱的伊通，在清前就是滿族文化的發源地，特別是薩滿文化活動源遠流長，根深柢固；伊通的民俗民風都打上了薩滿文化的烙印；滿族文化遺產資源豐富，是薩滿文化發掘、研究、保護、利用的最佳選擇地區。伊通的薩滿文化遺產是滿族文化的一塊璀璨的瑰寶。

伊通滿族文化研究中心為全面摸清伊通的薩滿祭祀活動情況，從二〇〇九年的七月起開始著手調查、蒐集、整理本縣的薩滿文化遺產情況，對重點鄉鎮、重點單位和重點滿族人士進行走訪，瞭解薩滿活動的歷史、民俗，開展薩滿活動真實情況的調查，掌握了伊通薩滿祭祀活動獨具特色的第一手資料。

▲ 神秘的圖騰柱

深入重點單位調查，掌握和瞭解薩滿文化知情老人的情況。調查工作首先選擇滿族的高齡老人居住集中的單位，他們先後調查了全縣十五個鄉鎮的十六個社會福利中心和縣民政局創辦的老年公寓，召開座談會，對七十歲以上的老人進行重點調查。在調查的一百五十位老人中一百二十一位是滿族。向他們瞭解本氏族的家史、薩滿祭祀、婚喪嫁娶等活動中的薩滿活動情況和當地的歷史、民風、民俗。

▲ 布帛祖先神偶

▲ 薩滿岩畫中的

　　選擇滿族聚集的重點村、屯進行調查。他們先後走訪調查了伊通鎮東新村、河北村；營城子鎮新家村、新山村、向前村、新宏村、太平橋村；伊丹鎮火紅村、馬場村、西嶺村；馬鞍鎮東風村、街里村；景臺鎮大榆樹村、昌盛村；西葦鎮劉小鋪村。這十五個村是滿族戶數較多，人口比例較高的自然村，也是伊通滿族人口遷居較早的重點地區。如營城子鎮新山村全村五百八十六戶，滿族四百六十一戶，全村二三八六人中，百分之八十是滿族；向前村的關家屯百分之九十以上是滿族。

　　選擇重點調查對象，深入挖掘薩滿文化在伊通的歷史淵源。他們選擇了在伊通居住歷史較久的滿族大姓進行調查。對全縣的關、富（付）、那、趙、何、楊、羅、馬、呂、金、佟、徐、雷等十三個滿族大姓進行了認真地走訪調

查。這些滿族大姓遷入伊通居住時間較長，多為「開荒占草」戶，滿族民風淳厚，民俗傳承完好，在伊通有一定的代表性。

　　篩選有代表性的薩滿祭祀見證人，蒐集整理他們親歷的薩滿祭祀資料。選擇了有一定文化，有一定表達能力，記憶力較好，身體較為健康，親眼見過或聽過滿族先人口傳身授，參加過薩滿活動的六位老人，他們是：伊通滿族自治縣第七中學退休教師七十二歲的付榮恩，西葦鎮中心小學校退休教師八十五歲

▲ 滿族齊氏布製祖先神偶

▲ 光焰普照的太陽神

▲ 祭祀魚神的魚骨廟

的楊紹春，伊丹鎮中心小學校退休教師六十五歲的趙天明，馬鞍山鎮東風村達子營退休畜牧技術員七十五歲的那豐田，營城子鎮後柳河子村農民七十七歲的何才（18 歲起主持婚喪儀式達 470 餘次），新山村農民八十二歲的何貴（與何才同族）。他們認真地回顧和撰寫本家族先人舉行薩滿祭祀活動的情況，提供了鮮活的、原汁原味的本家族開展薩滿祭祀活動的真實情況。

召開多種形式的座談會，從中發現薩滿文化活動的情況和線索。在此期間，先後召開了「老幹部座談會」「老滿族座談會」「知情人座談會」「旗老座談會」「薩滿文化調研成果座談會」等二十多次座談會，聽取大家對有關薩滿祭祀活動情況的介紹，瞭解薩滿文化遺產存留的新情況，掌握新線索，核實考證薩滿祭祀資料，使薩滿祭祀調研工作的思路不斷拓寬。

二〇一〇年五月二十七日，縣滿族文化研究中心在伊通滿族博物館召開了「伊通薩滿文化調研成果座談會」，縣民族宗教局、縣文體局、縣旅遊局、滿族博物館等單位參加了會議，並邀請吉林省民族研究所所長馬萬學，省民族研

▲ 神帽

▲ 神裙

究所研究員、著名滿族專家富育光，吉林省
政協常委、省民俗學會理事長施立學，吉林
省圖書館副館長吳愛云等專家學者參加了這
次座談會。

▲ 雨神

發掘薩滿文物的故事　三千多年以來，
滿族人在氏族內一直信奉著薩滿教。滿族薩
滿教沒有巍峨的教堂、寺觀，祭祀的祭壇或
在普通人家的庭院裡，或在挺拔的大樹下，或在潔淨的水濱。各地居住的環境
不同，祭禮的形態也特別豐富多彩，如家祭、星祭、火祭、雪祭、柳祭、鷹
祭、野神祭等等。滿族薩滿祭禮中少不了手鼓、腰鈴、恰拉器等神器和神帽、
神衣、神裙等神服。

發掘文物辦的工作人員在老滿族居住的村落尋訪先民遺留下來的薩滿神
器、神服，他們騎著自行車跋山涉水到處打聽，終於在馬家屯一位叫關那氏的
老太太家中尋訪到她珍藏的兩頂神帽，一副腰鈴，一副恰拉器，一件神裙，還
有十七幅祖宗影像。

仔細端詳神帽，上面有十三只用鐵片做成的鳥。據說鳥可以通天神，鳥越
多，說明薩滿的神力越大。關大娘保存的神帽，是當時等級很高的薩滿用的。
這樣的神帽存世稀少，國際薩滿文化研討會召開時，還特地把神帽調去，受到

▲ 神偶奧都媽媽

▲ 馬安齊氏祖先神

專家們的關注。

伊通薩滿祭祀文物豐富多彩 伊通滿族博物館所珍藏的薩滿文物有三百多年的歷史，多是在伊通滿族聚居的鄉、村、屯薩滿活動較頻繁的滿族大戶人家徵集來的。其中，從原新家鄉向前村馬家屯（依克唐阿將軍家鄉）關那氏（女薩滿）家徵集到：薩滿神帽（2 個）、神裙（1 件）、腰鈴（1 副）、魂兜（32個）、索羅條（神帶 26 條）、神箭（1 只）。薩滿祭祀文物有金樓神堂、神帽、神裙、腰鈴、魂兜、索羅條（神帶）、神箭、瓦丹、抓鼓、掐拉器、薩滿神偶、布製神偶、奧都媽媽、笊籬姑姑 、祖宗影像、神諭、祭器 、槽盆、子孫繩、索繩、家譜、圖騰柱等。

▲ 金樓神堂

伊通薩滿祭祀活動的主要特點

伊通是薩滿文化活動的主要發源地之一,薩滿文化的遺存最為完整、豐富。從發掘到的薩滿文化遺產看,各地方的薩滿祭祀活動總體上相差不大,但也有所不同,各有千秋。其主要有以下幾個特點:

薩滿祭祀活動根據各氏族祭祀主人的經濟狀況、人數多寡,因戶而宜,繁簡不一,各有特點 有一定政治地位和經濟基礎的富裕之家,一般在舉行祭祀活動上比較隆重、豪華,排場氣派,祭祀場面較大,祭祀活動程序複雜,而且祭祀的時間較長。如伊通伊丹鎮趙天明家的祭祖活動。他家是伊爾根覺羅氏,鑲黃旗,是滿族八旗中的上三旗滿族人家。他們家在祭祀時十分講究,一般一年一小祭,三年一大祭。祭祀過程繁雜,每天的祭祀活動都有明確的安排內容;祭祀要求十分嚴格,如在祭祀時四命人,即病、孕、產婦、半命人(中年喪偶)就不能參加;有損祖先形象的劣跡人、被判處徒刑的人也不能參加。祭祀的準備時間十分充裕,準備工作要在半年以上;參加祭祀的人穿著都有明確的規定,祭祖時穿著要新、潔、素、莊重典雅;參加祭祀的服務人員都要選擇容貌漂亮的姑娘,並要製作格格服飾。而一般經濟條件較差的小門小戶人家,在祭祀時,只是象徵性地宰殺雞鴨,在供桌上擺上雞、鴨等簡單的五碟供品,對著祖先的神位,磕幾個頭,上幾炷香,點上兩支蠟,默念一下感恩之詞而已,祭祀當天結束。

▲ 腰鈴

▲ 滿族關那氏祖先神畫像　　▲ 神諭

　　不同氏族祭祀活動的表現形式不一，祭祀活動體現出本氏族的民族性　伊
通的滿族人口一部分是在雍正六年（1728 年）撥兵來伊通的，其後在乾隆、

▲ 祭祀之初先請神

光緒年間滿族人口陸續遷入，隨著旗兵駐防、屯田人數也大量增多，大多滿族人是從長白山、開原和寧古塔等地方遷居伊通，不同的滿族氏族來到伊通後仍然保存著當地原始的薩滿祭祀風俗，其祭祀形式各不相同。如營城子鎮新山村何貴家的祭祀活動，在祭祀前要先炕黏谷，在炕黏谷的炕上，是決不允許孕婦坐的，若她坐過的地方炕出來的黏谷，蒸出來的「黏餑餑」不熟（這種說法不科學，實際是講潔淨），同時也是對祖先的褻瀆。伊丹鎮趙天明家在祭祀時用的殺豬刀就不用鐵製的侵刀，而是用的梨木刀。馬鞍鎮的付榮恩家在殺祭祀豬時，所用的刀是用桐油浸過的棗木刀。他家在祭祀時拜祖宗、拜北斗、拜佛托媽媽，之後按順序再叩拜天神、星辰、農神、五穀神，最後還要拜龍王，以求風調雨順，祝願豐收，求國泰民安。

伊通西葦鎮楊紹春家祭祀時，主持人組織參祭人依男左女右按輩份跪好，薩滿高唱祭祖贊禮、太平鼓歌詞，三拜九叩後，撤下供豬，燒煮為肴；再把豬

▲ 殺祭祀豬

尾蒸熟，豬尾巴含在豬嘴上，供在祖先像前。

　　薩滿的選擇有其嚴格的程式性　調查瞭解，伊通的薩滿都不是世襲的，薩滿的選擇都是嚴格按程序進行的。一種情況是上一代薩滿死後新薩滿被本支滿族認為是上一代薩滿的「神靈傳世」而被選擇。有的薩滿是氏族的「穆昆達」（族長），薩滿本身模範地遵守滿族的各種道德準則，在本家族中有極高的威望；辦事公道，經驗豐富，善於表達和協調本家族內各種人際關係，調解各種紛爭；能夠規範人們的舉止行為，對本族人有規範思想、教化道德、約束行為的能力。另一種情況就是「神抓的」。如營城子鎮的那淑芹薩滿，她在十五歲那年，犯病抽搐不停，族人說她是「跳腳星」，不「領香」就活不了，結婚後拜薩滿為師，後經過三年的實踐就成了本族的薩滿。再一種就是薩滿本身具備平常人所不能比擬的祛病救災方面的能力，具有較高的文化知識，博聞強記，口若懸河，在本族群眾中有較高的威望，在信仰薩滿教的民眾心裡可代替神靈

▲ 祭天

▲ 薩滿祭天臺

行事，可占卜治病、袪病驅魔，祈保氏族平安而被本氏族擁戴而推舉成為薩滿的。

　　伊通的薩滿祭祀活動的祭器種類繁多，舉世罕見　經過多年的挖掘、蒐集、整理、研究，伊通滿族博物館館藏薩滿祭器文物種類齊全，歷史悠久，做工精湛，有較高的歷史文物價值和藝術鑑賞價值，是一座薩滿祭祀神器集中的不可多得的藝術寶庫。現存的薩滿祭祀神器有譜單、譜書、譜折、影像、子孫繩、神偶、神帽、神裙、腰鈴、瓦當、神帶、魂兜、抓鼓、搯拉器、銅鏡、木香碟、木油燈、蠟臺、香筒、香爐、索繩、年祈香、索羅桿等。特別是神帽、神偶、滿文的神諭在昔日薩滿祭祀活動頻繁的地方已絕無僅有。

　　伊通的薩滿祭祀活動包含了滿族先人的精神物質文明的全過程，體現出了薩滿祭祀活動的社會性　伊通的薩滿祭祀活動是伊通滿族先民用集體的文化力量擺脫矇昧的文化形態，記錄了早期人們的某些世界觀與他們的心靈發展的歷

▲ 神偶奧都媽媽

▲ 牧情谷舉辦開山祈福儀式

史軌跡，它基本上囊括了伊通滿族先民的宗教、歷史、地理、文學、藝術、民俗、醫學、體育、生產技術、婚喪、道德、禁忌等各個方面的成就。伊通薩滿祭祀活動在祭祀祖先、婚喪嫁娶、糾紛處理、祛病救災、占卜祈福、傳承薩滿神話、傳說、族史，教化人們舉止行為，娛樂民眾等方方面面無一不有，無時不在。

薩滿祭祀活動體現出了一定的區域性　伊通滿族隨著時代的變遷，民族人口的遷徙，滿漢民族的雜居，經濟政治上的交往，各民族文化的交流、薰陶和融合，在吸收傳承中相互借鑑，相互影響。如滿族人的書籍、文獻由純滿文逐漸向滿漢兩種文字轉變，最後定格在純漢字上；滿族人的命名，初取滿文，繼用漢意，後皆用漢姓。隨著時代的變遷，傳統的薩滿祭祀活動現也消失殆盡。現在的家祭已經沒有了薩滿的神器、神偶等，只供家譜和祖宗神像。古老的薩滿祭祀活動現已成為少數滿族長老的珍貴的回憶。伊通的薩滿祭祀活動已只在偏僻的滿族聚集的地方進行。從調研中可以看出，哪裡的滿族人口多，在那裡居住的時間長，哪裡的薩滿祭祀活動就多且原始。滿族聚居區域是薩滿祭祀的主要活動地帶，但總體上看，薩滿祭祀活動現已處於消亡狀態。

伊通的薩滿祭祀活動在祭祀時間、場面、參祭人員、祭祀的程式等都是因人、因族、因時而不同的，但總體上體現出了祭祀活動的普遍參與性　滿族家祭儀式是定期的，如常見的節慶祭，續族譜祭，還願祭，族裡的燒官香等等。

▲ 古代繪畫中的薩滿形象

凡遇與整個氏族重大利益相關的大事，闔族舉行的全宗族祭祀活動即燒官香，是整個氏族的共同行動。此祭費用由本姓各戶公攤，該氏族分居各處的成員都要趕來參加。家祭一般在秋冬季，祭期為三、五、七天不等，薩滿秋祭規模宏大，場面隆重，社會的參與人員眾多，是滿族代表性的重大祭祀活動。

民間傳說故事

七星落地

　　伊通有大小十六座玄武岩火山，其中，大孤山、小孤山、東尖山、西尖山、北尖山、馬鞍山和莫里青山等七座火山呈北斗七星狀分布在縣城西部、北部，橫跨伊通河，東北——西南走向，被稱為「七星落地」，七座火山被稱作「七星山」。

　　說到七星山的來歷，有一段美麗的傳說。傳說在盤古開天闢地的時候，上天有兩組七星，一組北斗，一組南斗，互相輝映。後來分了工，北斗照夜晚，南斗照白天。照夜晚的好說了，太陽一落，北斗值班了，雖然月光很美，人們還是能看到北斗的光輝，還有人靠著北斗趕路。南斗呢，每天白日出來，有太陽一晃，誰也看不著。天長日久，南斗就覺得不是滋味，就和北斗商量換一換，南斗照夜晚，北斗照白天。

　　北斗當然不高興，兩下就打了起來。那是兵對兵，將對將，兩邊都是七顆星，一個對一個，棋逢對手。只打得天昏地暗，日月無光，到底是北斗星夜出日往，經過磨煉，再加上有那麼多人靠它引路，都偏向它。打來打去，南斗七顆星辟哩叭啦都被打下天庭。

　　七顆星憋一肚子氣，飄飄悠悠到下界尋找落腳生根之地。找啊找，中原南北，長江大河都找了，一直沒找到可心的地方。

　　這天，七顆星來到長白山腳下，看見一條山脈由東向西，直連富饒美麗的東北大平原。清亮碧透的伊通河滾滾滔滔，像一條玉帶，穿過伊通州直奔松花江，河兩岸水草豐美，山川壯麗，是一個天上難找地上難尋的人間寶地。七顆星連連稱讚，哥幾個一齊降下雲頭，橫跨伊通河，在伊通大地落下了腳。為了顯示當年的威風，七星山還像在天庭一樣，長勺般地擺開，與天上的北斗七星

繼續抗衡。

　　據說，天庭怕南斗再打架，從此改為南斗六星。而在伊通州，七星落地的美麗傳說，越傳越遠。

仙人炕與金泉水

　　相傳，大孤山是伊通境內天降「七星」魁首。該山總面積〇點六四平方千米，相對高差為一百五十米，海拔高度四百三十點五米，大孤山年齡約為八百七十萬年，是伊通火山群中最年輕的火山之一。這座平地拔起的孤山，共有四峰，怪石嶙峋，層林迭翠，方圓數十里，頗為出奇。說奇，倒也真奇。單說東北部山峰，山勢陡峭，石砬如林。峰下有一石洞，高五尺，深丈餘，洞內有一火狐狸修練成仙，變成了一個美貌女子，亭亭玉立，如出水的芙蓉。忽一日，

▲ 圍坐仙人炕

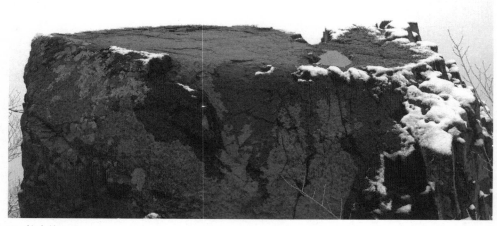

▲ 仙人炕

來了個金童子。你道這金童子是誰？就是東南面老虎峰下的金馬駒。這金童子長得鼻正口方，眉清目秀，身高五尺有餘。狐女與金童子兩人一見鍾情，終日結伴同行，嬉戲游耍。一天，兩人來到北部山峰之上，見一石柱，頂天立地，甚是雄偉。金童子問道：「你能否把這石柱砍斷？」狐女遂從腰間抽出寶劍，一劍砍去，將石柱斬為兩段。你說奇不奇？這石柱埋在地下的一段方圓足有三丈，平展如炕，後人稱之為「仙人炕」；上邊的一段飛到了西北面的山峰，橫臥山腰，成了一門鎮山「石炮」，能降妖鎮魔，為民除害。金童子一見，喜從天降，也從腰中抽出寶劍，在炕上一紮，居然從炕上湧現出一口清泉，泉口足有三寸，名叫「金泉」。這口金泉說來就奇了，泉水清澈透明，甘甜爽口，不滿不溢，終年不斷，能醫治百病。從此，狐女與金童子同住一鋪炕，同飲一泉水，結為恩愛夫妻。此後每年農曆四月十八日，上山討藥求水之人，絡繹不絕，此泉因此恩澤四方。物換星移，也不知過了多少年，來了兩個道人尋找金

馬駒，金童子返回故里，回到了老虎峰下。狐女將金泉水灑向了天空，變成了一朵白雲，籠罩在老虎峰上。從此以後，狐女隱姓埋名，去到了很遠很遠的地方。直到如今，每當夏日清晨，人們都能看到老虎峰上的那朵白雲，那就是狐女的情思。

陸童與海女

傳說很早以前，大孤山一帶是一片汪洋大海，大孤山山峰只是這個海上的一個小島，漲潮時山在海中變成孤島，退潮時山在海邊連著陸地。在山的東麓有一溜漫崗，崗上蒿草茂密，崗下清泉連串，這個地方叫羊草溝，是一個適合放牧的好地方。有一個英俊少年，每天風雨不誤地來這裡放羊，因為沒有人知道他的真名實姓，都叫他陸童。

陸童從小失去父母，沒有親人，為了償還父母生前欠下的債務，被迫給財主家放羊。陸童不僅儉樸能幹，熱愛勞動，還吹得一口好笛子。他吹的曲調委婉悠揚，悅耳動聽。他除了放羊，每天都揀石頭，無論風天雨天，不管寒冬酷暑，年積月累，陸童揀的石頭在海邊堆了老長一大溜，可誰也不知道他揀這些石頭幹什麼。有一天陸童正在放羊，只見幾隻水鳥正在用尖嘴撕扯一個海螺，他連忙跑過去。水鳥見有人來，銜起海螺就向遠處飛去。陸童跟著緊跑，追了很遠才算把水鳥趕跑。陸童小心翼翼地用手捧起海螺，把它輕輕地放到海水裡，一直到海螺在海裡能翻上翻下，幾次伸出脖子頻頻點頭，他才滿意地離開海邊，去看羊群。

晚上要回家時，他發現丟了一隻小羊。從海邊到草地，他找呀找，一直找到天黑，也不見那隻小羊。老財主聽說丟了一隻小羊，鼻子都氣歪啦，抓住陸童不容分說劈頭蓋腦就是一頓皮鞭，一直把陸童打得皮開肉綻，並狠狠地說：「你今晚不把羊找到，就別想回來。」陸童被逼著又摸黑去找羊。他連餓帶累，加上滿身的傷痕，疼痛難忍，哪有力氣去找羊呢？再說天黑得像鍋底，蒿草沒人，哪裡去找羊啊！走著走著，他只覺得眼冒金花，身子一軟，就摔倒

了……就在他似睡非睡時，有人喊了他一聲：「陸童，你的羊回來啦！」他睜眼一看，丟的那隻小羊正用舌頭舔他的手呢！他趕緊起來，把小羊摟到懷裡。小羊溫順地貼到他的身邊，陸童強打精神站了起來，領著小羊艱難地、一步一步地直走到天亮，才回到了財主家。財主看陸童回來了，沒好氣地說：「這次算便宜你了，下次要再丟了羊，小心我打斷你的腿。趕快給我放羊去。」陸童咬著牙，忍著劇痛，連飯也沒吃一口，又去放羊。到了海邊，他實在支持不住躺下來。似睡非睡時，又聽到有人叫他，睜眼一看，原來是一個俊俏的少女站在身邊。陸童想，在這草密水深的大海邊上，哪來的少女呢？便問：「你是什麼人？為何來到這裡？」少女含笑答道：「我是這海水裡水族的一個姑娘，名叫海女。今天我到這裡，是來報你救命之恩的。還想拜你為師，學你吹笛的技藝。」陸童聽了，心裡一愣，暗想，我什麼時候救過她的命呢？海女像是猜透了他的心思，說：「你忘了，前兩天在海邊上攆跑水鳥，救活海螺的不就是你

▼ 海邊

嗎？」陸童很天真地問：「海螺怎麼不好好在海裡待著，偏偏要到岸上去受那麼大的罪呢？」海女說：「不是海螺自己願意跑上岸，是仗勢欺人的海霸草龍處罰它，把它扔出去的，你那天救的那個海螺和我一樣也是水族的一個姑娘，在龍宮裡作僕人，每天她要清掃龍宮，就是因為偷看了龍宮的鎮海寶貝險些搭上一條命。」陸童問：「什麼鎮海寶貝？」海女接著說：「草龍所以欺負人，就是因為他有兩件寶貝，一個是管海水漲潮的叫浪潮湧，一個是管海水退潮的叫榨海乾。要想叫海水漲潮就用浪潮湧，指到哪兒水就漲到哪兒；要想叫海水退潮就用炸海乾，指到哪兒海水就退到哪兒。」陸童聽到這兒馬上站起來說：「那麼說，揀的那些石頭白揀啦？」海女問：「什麼石頭？」陸童說：「這海水經常漲潮，一漲潮就吞沒村莊，沖毀良田，淹死百姓，使海邊的窮苦百姓不得安生。我想多揀一些石頭在海邊壘起一道石壩，擋住海潮，使海邊上的人再不受淹。要是他用浪潮湧一指，海水漲潮我修上石壩也擋不住哇。」海女出了一口長氣說：「你想的倒是很好，可惜達不到目的呀。」陸童又問：「那得怎麼辦呢？」海女說：「要想保護住海邊不再受淹，唯一的辦法就是把榨海乾給盜出來，把海水榨乾，把草龍制服。」陸童說：「盜榨海乾？要是在陸地我能去盜，可在海裡我怎麼盜哇？」海女一看陸童急得那個樣，就說：「不要緊，你去不了我去！」然後囑咐陸童：「你在這裡等著，我要能盜著寶，天亮以前就回來。天亮以前回不來，你就別等啦，趕快遠走。」說完就進入大海之中。時間不長，她就從海裡回來了。陸童歡喜地迎上去問：「取回來了嗎？」海女說：「沒有，聽他們說榨海乾挪窩了，看管的兵卒也都換啦。」陸童見盜寶艱難，怕海女遇險，就不讓她再去了。海女說：「只要我還活著，不管有多大困難，也要把榨海乾取出來。」說完，海女又潛入海水之中⋯⋯

在岸上，陸童等了又等了，從中午等到天黑，從天黑等到午夜，忽然，只聽海裡發響，見海女鑽出海面，一副驚慌的樣子。陸童忙問道：「出了什麼事？」海女說：「寶物已經拿到，它們在後邊追趕，你趕快帶上它遠走高飛吧！這裡的一切由我應付。」說罷把寶物交給陸童。陸童哪肯撇下海女自己遠

去，要和海女同生死。說話間，只見海水猛漲，波浪滔天，草龍帶領蝦兵蟹卒，踩著巨浪直奔陸童海女而來，指著陸童海女說：「如歸還寶物，拜倒請罪，萬事皆休，要不然就叫你倆葬身海底！」陸童憤怒地回答：「你這個作惡多端的草龍，在海裡橫行霸道，在陸地上殘害生靈，我今天定和你拚個高低！」言罷便把榨海乾拋了出去，就聽一聲巨響，激起滔天大浪。片刻之間，海水全部乾了，草龍立即現出原形，變成花綠色小蛇。陸童和海女為民除害的故事，一代一代一直傳誦到今天。

金馬駒與神毛驢

很早以前，大孤山還是一座光禿禿的饅頭山，四周平坦。山北有一個村子，村裡住著大財主金寶玉，金家有地千坰，方圓百里聞名。

這年正月初五，外地來了一胖一瘦兩個道士，走進村邊茶館，邊喝茶邊指著大孤山談論著。胖子說：「你我千里迢迢，跋山涉水，歷盡千辛萬苦，找的就是這座山啊！」瘦子說：「請問道兄，這樣禿山，有何好處？」胖子說：「這

▼ 大孤山

是一座寶山，裡邊有一個如意金馬駒，重一萬八千兩。它可大可小，大如象，小如蟻，你我如得此寶，富貴無可限量。」瘦子說：「道兄既識此寶，如何能到手呢？」胖子看看四周無人，低聲說道：「辦法倒有，不過要破此山，必須弄到一頭三歲口的黑毛驢，並且是白頭囟兒，白蹄子，白尾巴尖。然後餵一百天黑豆，每天餵九斤九兩。一百天後，讓毛驢圍山跑九十九圈，山便開了。再讓毛驢吃十斤黑豆，繞山跑完最後一圈，然後跑進裂開的山裡，把金馬駒領出來……」

常言道，牆裡說話牆外有耳，他們的對話被裡屋的一個人偷聽去了，這個人就是金寶玉的管家金祀。金祀聽後，心裡一動，急忙奔金家大院向老東家稟報。金寶玉聽後一陣冷笑，捻著鬍鬚說：「大孤山是我金家的山，金馬駒是我金家的寶，老道想破山奪寶，休想！」然後又轉身對金祀說：「你馬上去跟蹤，探清情況馬上告訴我！」金祀應了聲，便悄悄地跟上了兩個道士。

兩個道士正在四周尋找那頭神奇的小毛驢。他們整整走了三天三夜，終於在大孤山南的小山溝裡，找到了理想的小毛驢。毛驢的主人是年過花甲的老太

太，家裡還有個剛滿十歲的小孫子。兩個道士說明來意，起初老太太說啥也不肯借毛驢，後來他們只得出二十兩銀才買下毛驢。買妥後，兩個道士十分高興。他們又看老太太家人口少，吃住方便，就住在她家，飼養毛驢。

再說金祀，初八來到了小山溝，打聽到一切，便飛也似的回金府報信去了。老財主聽到這個消息，高興得不得了。他扳著手指算計著，從正月初八到四月十七，正好一百天。便吩咐金祀選十幾名身強力壯的家丁，準備四月十七去搶驢。

四月十七轉眼就到了。夜裡烏雲遮月，金祀領十幾名家丁闖進小山溝。狗叫聲驚醒了道士，見到很多黑影撲向院內，兩個道士就顧不得毛驢，從後窗逃走。金祀順利地奪走了小毛驢。

第二天，也就是四月十八，金家大院用毛驢破山取寶的消息傳開了，一大早四周的百姓都來看熱鬧。大孤山下，人山人海。日出卯時，金寶玉騎著一匹雪花白馬，親自指揮金祀等人趕驢破山。那黑毛驢果然是頭神驢，隨著金祀的一聲吆喝，它便四蹄生風，飛也似的圍著大孤山跑了起來，不到兩個時辰，就跑完了九十九圈。只聽得轟隆隆一陣響聲，大孤山便慢慢地向四面裂開，山中間放出萬道金光，把天空映成了金黃色。裂縫中出現了金馬駒。老財主樂得前仰後合，險些摔下馬來。

這時，小毛驢停下腳步，金祀忙拿準備好的十斤黑豆去餵。毛驢吃完十斤黑豆，金祀揮鞭去趕，但毛驢一動不動。老財主急忙下馬去牽毛驢，並嘶啞地喊叫：「快！快趕，讓它再跑一圈！」金祀抄起棗木棒向毛驢打去，小毛驢大叫一聲倒下了。再看管家金祀也伸腿瞪眼嚥了氣——他被毛驢的吼聲嚇死了。老財主見此情景，就不顧一切地衝進山中裂縫，想去拉出金馬駒。這時突然颳起一陣狂風，只刮得飛沙走石，天昏地暗。只聽到轟隆隆一聲巨響，裂開的大孤山又合攏了。看熱鬧的人都驚呆了。等人們清醒過來後，已是晴空萬里，再看大孤山已改變了原貌，山頂中間凹了下去，四周成了四座山峰，金馬駒還在山裡，老財主金寶玉也被埋在山底下。

神毛驢死後，人們把它埋在山的東邊，並修了一座很大的墳墓。後來又在山上修了一座廟，每年四月二十八都去廟上焚香禱告。回走時，每人都捧一把土，放在神毛驢的墳上，久而久之墳墓變成了一座小山，就是現在的東小山。

大孤山的傳說

大孤山鎮往南八里地有一個大榆樹屯。村裡有一家姓王的農戶，當家的叫王富。王家種的莊稼和蔬菜都比別人家的好。這一年，王家的菜園種了幾壟豆角，到農曆六月，有一棵豆角秧上結了一個特別大的豆角，長到兩尺長的時候，豆角的顏色由淺綠變成深綠，王家的人都感到很稀奇，這件事傳遍了全村，後來傳到外村。

七月的一天，從南方來一個趕駱駝的人，還帶著一個隨從。這個趕駱駝的人能認識珍寶，聽到村裡人的議論，他來到了王家向王富提出要買這個特大的豆角，願拿出五十兩銀子。王富心裡感到很詫異，這個豆角可以換十頭肥豬，也可以換四頭耕牛，一定大有用處，不管他給多少錢，也不能賣。於是對拉駱駝的人說：「這是我家的傳家寶，怎麼能賣呢？」儘管拉駱駝的人幾次加價，直加到五百兩銀子，王富還是說啥也不賣。

拉駱駝的人不甘心地走了。過了一會兒，王富回到屋裡對兒子如此這般地囑咐一番之後，王富的兒子便去追趕拉駱駝的人。拉駱駝的人走到哪裡，他就跟到哪裡。趕駱駝的人和隨從發現這個緊跟的青年是個聾子，經過幾次試探，證實了這個青年的耳朵確實聾。這樣一來二去，談話嘮嗑也不背著他了。

他們從大榆樹屯走出第十六天的傍晚，趕駱駝的人住進一家客店裡。王富的兒子也

▲ 大豆角

住進了這家客店，他們住在一個炕上。晚上，隨從小聲問趕駱駝的人：「前些日子你要用五百兩銀子買那個大豆角，有什麼用呢？」趕駱駝的人低聲對隨從說：「那個豆角是開大孤山的鑰匙。」隨從又問：「怎麼能讓山門開？」趕駱駝的人說：「等到豆角長到一百天，把它摘下來，拿到大孤山前從左往右跑三圈，大喊三聲『山門還不開』，隨後山門就會開的。」隨從接著問：「山裡有什麼東西呢？」趕駱駝的人說：「山裡邊全是金銀寶貝。等過些日子咱們回去多給王家一些銀子，一定把『鑰匙』買來。」

第二天，趕駱駝的人和隨從繼續趕路，「聾子」卻不見了。「聾子」回到家裡，跟父親敘述了一切經過，父親很高興。大豆角也越長越大，差不多有三尺長，顏色也逐漸變黑。估計著差不多夠一百天了，王富就把豆角子摘下來了。

王富沒告訴別人，自己拿著大豆角來到大孤山前，從左往右跑了三圈，大喊三聲：「山門還不開？」話音剛落，只聽得山崩地裂一聲響，山門果然開了，往裡看去，黃橙橙一片，金光耀眼，全是金銀寶貝。王富急忙把大豆角放在山門邊，幾步衝進洞裡拿起金銀寶貝往衣袋裡裝，不一會兒，衣袋裝滿了。王富有心回家取大布口袋，恐怕來不及，只好把衣服脫下來，紮上袖口，往袖筒裡裝金銀。眼看快要裝滿了，因為豆角沒有長足一百天，這時候山門嘎嘎作響，山崩地裂一聲響，山門合上了，貪心的王富和大豆角被關在山裡邊。

從此，再也沒有人能打開大孤山的山門了。

小孤山的傳說

據說，很早以前，小孤山這個地方是個非常大的水泡子。泡子北岸住著一個財主，他家有個放牛娃叫王二小，家裡只有一個老母親，娘倆就靠二小放牛維持生活。

一天，二小放牛回來已經很晚了，一進大門，財主硬說牛沒放飽，逼二小貪黑去割草。二小被逼無奈，只好拎著鐮刀就著月光到地裡割草，眼瞅著到小

▲ 小孤山

半夜了還沒割上一捆。二小想，乾脆回家，寧可餓死也不遭這份罪了。想罷，他拎著鐮刀就往回走。剛走十多步，只見有一鋪炕那麼大一片青草，長得又高又嫩，十分招人希罕。二小心裡一樂，掄起鐮刀就割，一口氣割足了一背簍，這才免遭毒打。

第二天，二小趕著牛又來到昨晚割草的地方，不由得大吃一驚，發現昨晚割過的草又長出一茬。二小看了一陣，掄刀又割，直到牛吃飽才住手。奇怪的是，一連幾天都是如此，二小心中很納悶兒。回家就把這事悄悄告訴了娘。二小娘聽後說：「想必這裡有什麼寶貝，明個放牛時帶把鍬挖挖就知道了。」

第二天，二小一到地方先把草割完，隨後就挖起來。約摸一袋煙的工夫，挖出一個小泥盆。二小把牛送回去，拎著盆回家了。二小娘用盆餵雞，把糠一放盆裡，咕咕咕一叫，真奇怪，盆裡的糠就一個勁往上長，一直長得往外淌。

娘倆把糠倒出來，放一把米，再「咕咕咕」一叫，又長出一盆米來。娘倆又放幾枚銅錢一叫，又長出一盆銅錢來。母親喜出望外地拉一把二小說：「孩子，想必這盆就是常說的『聚寶盆』吧！」

自從王家母子得了聚寶盆，二小再也不給人家放牛了，娘倆整天帶著盆給窮人要米要錢。一來二去，這事傳到財主耳朵裡，他整天盤算著怎麼把聚寶盆弄到手。

一天，財主帶著一群打手闖到王二小家。一進門就皮笑肉不笑地對二小娘說：「老嫂子，聽說你家得了個『聚寶盆』，兄弟我想借用三天，看在鄉里鄉親的分上，老嫂子一定會答應吧？」二小母子為人老實厚道，又見財主苦苦哀求，就答應他用三天。財主把聚寶盆拿到手，眼珠子一轉，便破口大罵起來：「這寶是我家祖傳之寶，被你家小王八羔子偷了來。來人哪，把他家的小馬架子點著。」二小母子一聽，肺都氣炸了，怎奈老的老小的小，上哪兒擋住這幫兇神？結果房子被點著，盆被搶走。

再說財主把盆搶到家，關上大門，拿出幾塊金子放在盆裡，不住嘴地咕咕起來，一直咕咕到金子無處存放為止才住口。財主怕王二小聯絡窮人來奪聚寶盆，就把盆藏到門前大泡子裡。

屯裡一些小孩天天用磚瓦石塊打水漂玩，有些磚瓦石塊沉到水中落到聚寶盆裡。一天早上，太陽還沒出來，財主全家還在睡早覺。這工夫飛來一隻布穀鳥落在財主家門口的歪脖柳上，咕咕地叫起來。這一叫不要緊，掉在盆裡的石塊就往起長，不一會兒，一座石頭山從大泡子里長出來，把大泡的水全擠出來了，一下子把財主家沖個房倒屋塌，財主家老少十幾口，全都被淹死了。

這只布穀鳥一直在這兒叫了三天三夜，石頭山越長越大最後成了現在的小孤山。

二郎擔山

伊通中部有兩座孤零零的尖山，西尖山和東尖山。西尖山位於縣城西北四

千米處，其面積〇點二五平方千米左右，相對高差為七十九米。西尖山年齡約為二〇八〇萬年，滿語名「西勒富善崗」。東尖山，滿語稱「東勒富善崗」。位於縣城北六千米處。東尖山年齡約三千三百萬年，是伊通火山群中形成最早的火山之一。東尖山與西尖山相距僅六千米，兩山山形相似，都是圓錐形山體，高度也相似，遙遙相對，成為姊妹山。在民間有「二郎擔山」的傳說。與伊通境內的大孤山還有另外四座山合稱伊通「七星」。在東、西尖山之間，有一條河，就是眾所周知的伊通河。

相傳很久以前，西王母的蟠桃園內，有水無山，很是缺彩。一次，玉皇大帝派他的外甥小聖楊二郎，到下方去選三座山，限他七七四十九天之內，將山移進蟠桃園。二郎神奉御旨後，肩上挑著一副擔子，手中拿把趕山鞭兒，出了南天門，駕著五彩祥雲，飛赴人間。

二郎神來到下方，找了三七二十一天，也沒選著一座稱心如意的山。這

▲ 東、西山尖

天，他來到蓬萊島，雖說島上有數不盡的珊瑚礁，奇花異草，蒼松怪柏，二郎神也無心觀看，在蓬萊島選了七天七宿，終於選中了三座孤島，肩挑鞭趕往回走。走了七天七宿，這天，正好路過現在的伊通，一則二郎神有些疲倦，二則時間還很充裕。於是，他便停下來，把扁擔往挑子上一橫，鞭子往腰中一插，坐在道旁足足歇了七天七宿。二郎休息已罷，站起身來，解下繫在腰間的水葫蘆，咕咚咕咚喝個飽，便把水往旁邊一倒。隨後摸起扁擔往肩上一擔，猛地一直腰，只聽嘎叭一聲，扁擔壓斷了。原來，扁擔一頭的兩座小島已經落地生根了，一下子就變成東西並排的兩座尖山，這就是今天坐落在伊通境內的東、西尖山。二郎神見倆小島落地生根，把扁擔壓斷，急忙抽出趕山鞭，往扁擔另一頭那個大一點的島上猛抽兩鞭，只見兩股青煙，山尖被打得四分五裂，這就是今天的大孤山。山打不動，二郎神累得直喘，汗水滴滴嗒嗒，已經成為一條川流不息的大河，那就是現在的伊通河。後來，人們還編了一首民謠，專門說東、西尖山和伊通河形成的經過：

> 楊二郎，去擔山，
> 壓得扁擔彎又彎。
> 路過伊通歇口氣，
> 留下三山一道川。

東尖山的傳說

伊通縣城北有座峻秀的孤山叫東尖山。東尖山，滿語稱「東勒富善崗」。

傳說以前的東尖山並不是死山，而是一天天生長的活山。相傳，楊二郎把東尖山挑到伊通以後，為了保護它，派遣神奇的青白兩條大蛇來到人間，隱藏在東尖山中，管轄這座山裡的一切。

楊二郎在離去前告誡青白二蛇：「你們要時刻提防妖孽的暗算。離這不遠，有一銀毛狼妖，此妖善變人形，魔法高強，它就是三百年前在我槍下溜掉

▲ 東尖山

的那個妖精。」青白二蛇每天都遵照二郎神的旨意行事，倒也過得平安舒適。

　　日復一日，年復一年，一晃幾百年過去，東尖山伴隨著二蛇共同生長著，慢慢地，越來越高。

　　一天，從東尖山的西南方走來一個其貌不揚的人，只見他身穿一套全黑的衣服，頭上的「白髮」根根都豎起來，硬硬的，深陷的雙目射著凶光。他走到山腳下，在一塊平臺上盤膝坐了下來，從腰間解下一把拂塵，只輕輕一抖，便有一條小蛇游出，順從地把身體盤起，圍成一個小圓圈兒。接著那人不停地甩著拂塵，一條接一條小蛇相繼游來，盤起身體匯成一條又粗又大的怪蛇。最後只見那人把拂塵緩緩地放在膝上，雙手合十，接著又不慌不忙，手持拂塵向天空一指，那條盤捲著的大蛇突然騰空而起，在空中又分化成無數條小蛇。轉眼間，每條小蛇又化成無數把彎月形的短箭，飛向青白二蛇，青白二蛇躲閃不及

雙雙死於短箭之下。

那個人把青蛇白蛇的眼珠挖下來，又把自己的雙肩挖破，將青蛇的兩個眼珠塞進了兩隻胳膊，再依此法把白蛇的兩個眼珠塞進了他兩隻小腿。只見這個人得意地一跺腳，接著一縱身飛上天去。這個人是誰？他正是銀毛狼妖變的。

原來，銀毛狼妖大難不死，被二郎神及眾將打敗後，逃到一處隱蔽的地方，潛心修練，決計報仇。於是，便首先來找二蛇報復。二蛇幾百年來一心一意地保護東尖山，沒有繼續修練，以致慘遭殺害。

二郎神得知青白二蛇死去的噩耗後，率神兵來降妖，終於置銀毛狼妖於死地。他痛惜青白二蛇，就把怒氣灑向東尖山，下令永不讓東尖山繼續生長，判它為死山。從此，東尖山就成一座死山了。

東尖山上人參娃

很久以前，東尖山下住著窮苦的老兩口。老頭常年在伊通河捕魚撈蝦，也換不上幾粒米，家裡三天兩頭吊鍋斷頓，灶下沒有火星星，房頂不見煙絲絲。

一天，老頭又下河捕魚去了，老太太在家正愁晌午揭不開鍋，忽然來了兩個胖娃娃，都穿著小紅兜

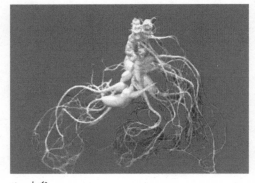

▲ 人參

肚，進門就亮開了甜脆脆的小嗓門，「老奶奶，知道你家揭不開鍋，送米來了。」說罷，放開小紅兜肚，嘩啦啦，把米倒缸裡。老奶奶吃驚不小，遠遠近近稀稀拉拉的幾戶人家，哪家小孩沒見過，咋就沒見過這兩個可愛的乖乖？便問了一句：「孩兒，你倆兒家住在哪兒？」胖娃娃用手往東北一指，說：「就住在後邊的山上。老奶奶，咱們還是鄰居呢。」說話間撒開小腿跑出屋，轉眼就不見了。

老太太回身看看缸裡的米，只有小半升，將夠吃一頓。可奇怪的是，那米不管怎麼往出舀總是不見少。老頭打魚回來聽老太太把這事兒一學，也覺得很奇怪，「東尖山上長滿樹，多少棵我都知道，哪裡有人家呀？」他眨巴眨巴眼睛，想了又想，對老伴說：「你準備兩軸紅線，那娃娃再來，你就偷偷把線穿在他倆後腰的兜肚帶上。」

沒過幾天，兩個胖娃娃又送米來了。趁他倆不注意，老太太拿出紅線用針穿在了他倆腰後的兜肚帶上。老頭捕魚回來，順著紅線一直找到東尖山上，見一堆石砬子旁長著兩棵千年的山參，紅線就穿在參花上。老頭蹲在那兒細瞧著，越瞧越愛，心想：就讓他倆住在這兒吧，也讓附近的窮人都吃到他們送去的米。這麼一想，乾脆解開紅線回家了。

沒過幾天，正趕上老頭又去出門打魚，忽然來了個南方人，說話嘰哩哇啦的，繞了半天圈子才問：「這東尖山子有沒有寶氣？」老太太擺擺手。「你們屯中有沒有啥怪事？」老奶奶心眼實，就把兩個胖娃娃送米的事告訴了南方人。南方人心裡一亮，掏出一錠五十兩重的銀子，「老奶奶，求你老辦件事，下次娃娃再來，偷偷在他們後腰的兜肚帶上拴上兩根紅線。」「已拴過了，白拴了。」「拴我的，我會重重報答你老的。」老太太接過紅線，卻把五十兩銀子推回去，「啥報答不報答的，我幫你拴就是啦。」聽老太太這麼一說，南方人滿意地走了。

說來也巧，南方人頭腳走，後腳兩個胖娃娃就來了，又送來兩肚兜野果。老太太見娃娃心眼兒這麼好，有心拴線又捨不得下手。可不拴吧，事已答應人家，無奈，只好偷偷又拴上了。剛送走胖娃娃，老頭就回來了。他聽老太太把事情經過一說，放下魚網，連跑帶顛登上了東尖山，把紅線解開，下山後把線頭拴上石頭扔進伊通河裡，回家了。

南方人聽說紅線已拴上，樂得嘴都合不上了。急忙來到東尖山。他滿山找了個遍，也沒見到紅線。正垂頭喪氣下山的時候，猛抬頭，見前邊草棵上飄著兩條紅線。他小心翼翼地順著線找下來，一找找到河岸上，眼見紅線伸進伊通

河裡。他站在河岸上仔細打量，風清氣爽，一無遮礙，除了立陡的河岸，就是浪花，別的什麼也沒有。他正要轉身回走，忽見河水咕嚕咕嚕冒一陣氣泡，一股紫氣從河面升起，金光閃閃，分明是靈光寶氣。他顧不得河水是深是淺，一個猛子順線紮了進去，好半天也沒摸著，終於摸到了兩塊硬梆梆的東西，拿出水面一看，是兩塊石頭。待了半晌，連線帶石頭猛地拋得老遠，垂頭喪氣地走了。

馬鞍山的傳說

很久很久以前，相傳馬鞍山東北有一個大泡子。泡子西南住著一個財主，家裡雇了一個十二三歲的小孩給他當馬倌。孩子名叫李小五，沒爹沒娘。小五為了放好馬，常常把馬趕到大泡沿周圍。馬餓了吃泡沿上的青草，渴了喝大泡子裡的清水。時間長了，把馬放得滾瓜溜圓。財主見馬不加草料自來膘，又是歡喜又是納悶。

這天深夜財主五更半夜就把睡在馬棚裡的李小五罵起來，「小兔崽子，啥時候了，還不趕快起來放馬？」小五無奈，只好摸黑去放馬。

小五想起了死去的爹和娘，又悲傷又害怕，不由得放聲痛哭起來。正在這時，忽聽有人喊他：「小孩子家，何事傷心？」小五聽到聲音，定神一看，見道旁草叢中站著一位白髮蒼蒼，手拄龍頭枴杖的老人，一副慈祥的面容。小五走過去，深施一禮，把自己的身世和東家的虐待，一五一十地告訴了老人。

老人安慰小五一番，然後問到：「孩子，你天天去大泡子邊上放馬，可曾見一個穿白兜肚的小孩，總騎一匹黃馬駒嗎？」小五眨巴一下眼睛，天真地說：「見過呀，我倆還天天在大泡子裡洗澡呢。」老人家神祕地說：「孩子，這水泡裡有兩宗活寶，一個是銀娃娃，一個是金馬駒。跟你常在一塊玩的那個小孩就是銀娃娃，他騎的馬就是金馬駒。要想得到它也不難。回去後，你買一把新剪子，再買三尺紅綢子，等到端午節那天正當午時，跳進大泡子裡，先抓住銀娃娃，把它的兜肚剪下來，用綢子包好，再把金馬駒抓住，剪下馬尾，也

用綢子包好，上岸別回頭，一直往家走，銀娃娃和金馬駒就會跟你走。」小五又給老人施了個禮，當他抬起頭來，那位老人已經不見了。

孩子畢竟是孩子，放馬回來後，小五不小心在東家跟前說漏了嘴。財主知道大泡子裡有這等天上難找、地上難尋的稀世珍寶，頓時喜出望外。夜裡，他把小五勒死，把屍體扔到大泡子裡，然後找出剪子和紅綢布，專等端午節的到來。

端午節這天財主領著兒子，帶著剪子和紅綢子，大清早就來到泡子沿上，一動不動地守在那裡。好不容易盼到天交午時，財主忙三火四地脫下長袍大褂一頭紮進水裡，找了好半天，猛然發現小五和銀娃娃正在水底下玩呢。

原來，小五的屍體被扔進大泡子後，銀娃娃大吃一驚，急忙把小五的屍體接住，放在一塊大青石上，嘴對嘴往小五口中吹了三口氣，小五哎呀一聲甦醒過來。小五把被害的經過一學，銀娃娃火冒三丈，決心替小五報仇。這時財主

▼ 馬鞍山

一把抓住銀娃娃，急忙摸剪子，這才想起忘在岸上了。他急中生智，一手拽著銀娃娃，一手伸出水面，向兒子要剪子，伸了半天，也不見遞剪子，只好把手縮回來，用牙把銀娃娃的兜帶咬斷，把兜肚塞在褲腰裡，鬆開銀娃娃，又去抓馬駒。好半天，總算把馬駒抓住，他拽著馬駒的尾巴，又把手伸出水面要剪子和綢子。

再說守在泡沿上的財主的兒子，好長時間不見泡子裡有動靜，還以為老子淹死了，忽見水裡伸出一隻手來，嚇得媽呀一聲，拔腿就往家跑，找長工打撈老子。當長工們慢慢騰騰來到泡沿時，見東家屍體已經漂上來，渾身上下都是蹄子印。原來他伸手接剪子和綢子時，被黃馬駒給踢死了。財主的兒子剛要嚎爸，突然水面露出一副金光閃閃的馬鞍子。這小子蛤蟆沒毛——隨根，跟老子一樣，見財眼紅，哪裡還顧得打撈老子，他伸手抓住鞍子用力一拽，把鞍子拉出水面，扛起就往家跑。開始，還覺得挺輕巧，跑出一段路，鞍子越來越沉，腰都被壓彎了。他扭頭看看金燦燦的馬鞍子，真捨不得放下，又咬牙挪了幾步，實在不行了，才想放下歇歇。誰知，還沒等撂下，馬鞍子突然變成一座馬鞍形的山，把這小子壓在底下。這時，銀娃娃叫李小五騎上金馬駒，閉上眼睛。李小五隻聽耳邊一陣嘩嘩水響，當他睜開眼睛時，發現自己正坐在一朵蓮花上。人們把李小五拉上岸一問，才知道事情的來龍去脈。再看看那朵白蓮花，開得十分鮮豔。從此後，銀娃娃和金馬駒不見了，人們把大泡子定名蓮花泡，那座山定名為馬鞍山。

馬鞍山位於縣城西北十二千米處，山形酷似馬鞍。山體南北長二百米，東西寬一百餘米，南北高，中間低，相對高度只有三十米，是較低的一座火山。年齡約一一九〇萬年。

椴葉作書六七載　豬倌考為大博士

這段傳說，說的是放豬倌張小二如何成為張博士的事。要問詳情，還要從康熙帝東巡說起。

那年康熙東巡在伊巴丹住了一宿，伊巴丹便視為「臥龍寶地」而名揚四海。到乾隆年間，伊巴丹的經濟文化空前的繁榮。買賣當舖不說，私塾就有十餘家。南北大炕，書桌上擺著《三字經》《百家姓》《中庸》《論語》等，整日書聲琅琅。有錢的人唸書圖求仕途，壯門戶，光宗耀祖；沒錢的人家唸書，學個一年半載，認個莊稼字，有事少求人，也可以學做小買賣維持生計。由此伊巴丹站的讀書熱便興盛起來。

　　說的是伊巴丹街頭，有個財主在自家廂房開起了私塾，雇了一位在山東逃荒來的落第秀才。儘管是落第秀才，但他的學識匪淺。可謂是出口成篇，提筆成章。他姓柳，人們都稱其柳先生。因其教學有方，在當地頗有名氣。一些有錢的人家都把孩子送到柳先生門下。東家也特別重視他，每月薪水比別處先生多出幾吊錢。老先生居於書香豪宅，自感十分氣派。

　　說來這家財主，家有一個放豬娃，年約十二三歲，是街南八九里外張家的，因家境貧寒，來給地主放豬，混口飯吃。人叫他張小二，儘管衣著襤褸，可是這孩子看上去有幾分靈氣，手腳麻利，說話響快，道眼也多。不知什麼時

▲ 私塾

候，這孩子迷上了唸書。一有空閒，就偷偷溜到書房的窗下，聽先生講書，聽學生背書，看學生寫字。因此他經常受到東家的斥罵。有時他還混到學生中問這問那，人家不理他，他就作個怪相，扯個笑話，逗大家哈哈一笑，問什麼都告訴他了。從此，在路上、放豬場經常都能聽到他的背書聲。

這年冬天，先生正講課，走到窗前，發現窗戶紙被人摳了一個小洞，開門看時，發現一個孩子穿著單薄的衣裳，手腳凍得通紅，正趴在窗邊聽課。柳先生沒有說他，反而把他叫進屋裡，讓他熱手熱腳，問這問那。先生發現他能背下來很多書，而且思維敏捷，反應靈活，記憶力驚人，先生不由驚喜地說：「好！可琢大器也！」

第二天，柳先生對東家說了此事，並勸說東家，不讓他再放豬，讓他進學堂讀書。東家同意了，並決定：先生免費收徒，東家免費住宿。張小二的學習生活就這樣開始了。

張小二進了學堂，學習更為勤奮，三更燈火五更雞，他比別人下的功夫都大。他知道，他的學習機會來之不易，不能辜負先生的一片苦心啊！先生對這塊良玉也因材施教特殊雕琢。傳道，傳之大道；授業，授之精髓；解惑，解其惑之本源。張小二吃住和先生在一起，隨時提問，先生隨時解答。他的學習進入了快車道。《大學》《中庸》《論語》不斷升級，等到十六七歲時，已經成為當地有名的高材生。

▼ 張博士戶屯

當時窮人家的孩子讀書是多不容易啊！誰家能交起學費買起筆墨紙硯呢？大多數窮人家孩子是進不去學堂的，所以有「富讀書，窮放豬」的說法。只有少部分家境過得去的人家，才能讓孩子到私塾學個一年半載，學學《三字經》《百家姓》就了不起了。像張小二這樣的窮孩子念大書是何等困難！別說是吃穿，就是筆墨紙硯也是很大一筆開銷啊，他常常為這些學習用品發愁。一次，柳老師講故事，說的是唐朝大書法家懷素，沒有錢買紙，曾種了一畝芭蕉，在芭蕉葉上寫字。這對他的啟發很大，他想，我們這兒哪座山上都有椴樹，葉子大如蒲扇，不正好用它寫字嗎。第二天，張小二上了西南山，採回一些葉子，待到半乾時，在上寫字，果然很好。再加上老師同學送他一些紙張，解決了問題。

伊巴丹驛站除了送達朝廷文書，還屬行政機構，方圓百里村屯的治安、兵役、收稅等公務繁多，人手不夠時，常叫張小二做幫手。不但能賺點紙筆錢，也豐富了他的學識，鍛鍊了他的文筆。柳先生常說，寫文章旨在治國安天下，讀書人要以天下為己任，要關心國家大事。這些思想給他的文章增加了思想內涵。

這年他十八歲，鄉試、會試、殿試一路連科，特別是在殿試中，他的文章受到乾隆的賞識。別的考生都歌頌太平盛世，唯獨他的文章，內憂八旗子弟的腐化，外患沙俄、倭寇的擴張，大有生於憂患，死於安樂的警示。論證有理有據，見解精湛獨特，讀後有石破天驚之感。由此，他被乾隆封為翰林博士。

若干年後，張博士擔任廣東省重要官員。他遠赴萬里做官，便派一家丁，來故居守家護院。又若干年後，這位家丁老而病死，埋在現張博士戶屯的西北山上。至於張博士後來如何，早已不得而知。只留下了「張博士戶屯」這個地名，還有這段鮮為人知的傳說。

莊家屯沒有姓莊的

乾隆四十年以前，莊家屯姓莊的戶族最大，人口最多，所以稱為莊家屯。

▲ 流經莊家屯的孤山河

　　乾隆四十年，屯子裡來了一戶姓馬的，戶主叫馬福，是從關裡河北省撫寧縣過來的。老馬家在撫寧也是個大戶，馬氏家族還曾經出過武狀元，叫馬鴻圖。自從這戶人家在莊家屯落了戶以後，就成為這裡的第二個開荒占草戶。從此，姓莊的和姓馬的兩個家族在生產生活上有了競爭對手。兩個家族摽著勁兒比。但姓莊的無論是從生活上，還是從人氣上都不如從前，日子過得一天不如一天，而姓馬的家族則越來越紅火，人財兩旺。

　　姓莊的有人迷信，把衰落的原因歸罪於老馬家，認為是馬吃敗了莊稼。隨之決定找個大吉日大放鞭炮驅趕馬家，意思是用鞭炮把馬嚇毛了。這本來是個牽強附會的說法，姓什麼與家族過日子怎麼樣能有什麼關係？但那個時代老百姓科學文化水平普遍很低，遇到問題只好用迷信方法。說也奇怪，馬家真的出了麻煩，事事不順。

　　為了挽救家族運氣，馬福決定找人出招，找個吉日，大擺宴席，招待屯裡鄉親們，且手裡牽著馬，口裡還唸唸有詞，意思是給馬祈福，給馬招魂。從此以後，馬家越來越好，莊家越來越差。

　　後來莊家屯裡姓莊的人家越來越少，最後乾脆全部搬離莊家屯。從此莊家

屯裡沒有一戶姓莊的。而老馬家從此節慶、婚嫁一律不許放鞭，防止驚擾了馬，但放炮可以，這也成了馬氏家族的一條戒律，也是馬家同族的標誌。

其實，莊姓人家的衰敗，不是馬吃了莊稼，而是老莊家出了敗家子，吸毒，耍錢，啥樣的家庭經得住敗家子的揮霍？不衰敗那就怪了。而老馬家則按照祖訓，勤勞，節儉，嚴格遵守家規，所以日子越過越紅火。

吉林文庫 A0703A33

文化吉林：伊通卷　下冊

主　　編　莊　嚴
版權策畫　李　鋒
責任編輯　林以邠

發 行 人　陳滿銘
總 經 理　梁錦興
總 編 輯　陳滿銘
副總編輯　張晏瑞
編 輯 所　萬卷樓圖書股份有限公司
排　　版　菩薩蠻數位文化有限公司
印　　刷　維中科技有限公司
封面設計　菩薩蠻數位文化有限公司

出　　版　昌明文化有限公司
桃園市龜山區中原街 32 號
電話　(02)23216565
發　　行　萬卷樓圖書股份有限公司
臺北市羅斯福路二段 41 號 6 樓之 3
電話　(02)23216565
傳真　(02)23218698
電郵　SERVICE@WANJUAN.COM.TW
大陸經銷　廈門外圖臺灣書店有限公司
　　電郵　JKB188@188.COM

ISBN 978-986-496-294-5
2018 年 1 月初版
定價：新臺幣 280 元

如何購買本書：
1. 轉帳購書，請透過以下帳戶
　 合作金庫銀行　古亭分行
　 戶名：萬卷樓圖書股份有限公司
　 帳號：0877717092596
2. 網路購書，請透過萬卷樓網站
　 網址　WWW.WANJUAN.COM.TW
大量購書，請直接聯繫我們，將有專人為您
服務。客服：(02)23216565　分機 610

如有缺頁、破損或裝訂錯誤，請寄回更換

國家圖書館出版品預行編目資料

文化吉林. 伊通卷 / 莊嚴主編.-- 初版.-- 桃
園市：昌明文化出版；臺北市：萬卷樓發
行, 2018.01
　　冊；　　公分
ISBN 978-986-496-294-5(下冊 ：平裝)
1.文化史 2.人文地理 3.吉林省
674.2408　　　　　　　　　　107002192

本著作物經廈門墨客知識產權代理有限公司代理，由時代文藝出版社授權萬卷樓圖書
股份有限公司出版、發行中文繁體字版版權。